学級がどんどんよくなる

プチ道徳
GAME

友達との"モメ事"明るく題材化ヒント

著=山本東矢

イラスト＝辻野裕美

学芸みらい社
GAKUGEI MIRAISHA

本書の読み方

星マーク

★の番号が若い順番で指導を入れるほうが子どもに素直に入りやすいです。

条　件

条件に合えば合うほど、成功しやすいです。また、喜んで行いやすいです。

項目の後の教師の言葉

一番初めの言葉が大事です。子どもが何をすればいいのかよくわかります。

1-03

「共通見つけ会話」でさらに仲良くなろう

条件 ①5月以降　②学級の仲の良さ「中」以上

1. 共通見つけ。隣の人や1対1でいろいろな人とする

隣の人と、好きなことや食べ物など、共通する同じものを見つけます。3つ見つけたら座りましょう。

（2人で話し合う）

おお、ここは早かったね。何が同じだった？

おすしが好きで、ラーメンが好きで、青色が好きで、猫を飼っていて、サッカーを習っていることです。

※「他の友達とやろう」や「7つ以上見つけて」などと指示する。

2. 共通見つけ。班で見つける

今度は、班で見つけましょう。3分間で、できるだけ多くね。この紙に書いてね。

（話し合う）

さあ、1班は何個？　2班は？　（と聞いていく）
たくさん見つけたね。初めに比べて、仲良くなったり、友達のことがよくわかったりしたかな。それなら嬉しいです。さらに友達と仲良くなっていこうね。
では、2回戦いくよ。
※苦手なものでも共通するならよいことにする。

1　小行動道徳1　―仲良くなるスキルを指導する―　**11**

　これらの授業をする前に、「友達とさらに仲良くなるお勉強をするよ」などのやる意義を説明をするといいでしょう。道徳の時間に少しだけ入れたり、学級会の時間に少し入れたりするのがいいです。

　朝学習の時に少し入れるのもいいですね。

　年間通じてやると子どもたちがどんどん仲良くなっていきやすいです。

まえがき

「"国語が好き" "算数が得意" という子どもはいるけど、"道徳が好き" という子はいないのでしょうね」

教育書籍編集長が、超有名付属小の先生に聞いたところ、

「それがいるんだよ。何が正しいかを教えてくれるから、道徳が大好きなんだそうだ」

「そういう子って、実はいじめにあうのではないでしょうか……」

「………」

10年前、こんな話を聞いたことがあります。

多分、「正しいことを金科玉条にした（？）道徳大好き女子」（この事例は、なぜか女子だったようですが）は、クラスにいるヤンチャ君はじめ、"決まりなんかうざい" と思っている子どもたちの格好の攻撃相手になりそうだからそういう返答になったのだと思います。

学級がまとまっていない、いわゆる烏合の衆だと、腕力の強い男子が権力を握って、教師の見えないところで闇の世界（？）をつくって「悪質ないじめの水源池」になることがあります。

こういうことにはさせないと、大人も、「道徳の時間」を教科にしたりして、必死で「子どもが次世代を担うにふさわしいモラルを確立する」よう努めてきています。

しかし、どうも道徳の時間の教材が、「偉人の話」とか「日本のよさを学ぶ」だったりと、自分とは直接関係ない題材が多くてピンとこない授業になりがちともいわれています。

そこで、子どもの身近でよく起こる、「蹴ったとか、つついたとかいうような、揉め事を題材にしてモラル確立のよい題材にしよう」と考え、あえて道徳ゲームという提案をさせていただきました。

令和3年3月4日

山本 東矢

目　次

1 *小行動道徳1　ー仲良くなるスキルを指導するー*

2　資料を使った道徳指導

3 小行動道徳2 ―トラブル予防スキルを指導する―

「2人組会話」を続けて仲良くなろう

条件 ①4月から ②継続的に、少しずつ何回も入れていく

1. 話に慣れさせる&よく聞かせる手立て

隣と話をします。内容は何でもいいです。
間が5秒あかなければ、いいですね。

（話し合う）

隣の人と何を話しましたか。

ゲームのことです。

隣の人が言ったことをいくつか言って。

おとなりさんと話し合いましょう。

きのう、おふろで…

ゲームを5つ持っていると言っていて、普段はあまりできないと言っていました。

2. さらに話に慣れさせるときに、使う手立て

隣の人と、合わせて5回は話したら座りなさい。

隣の人と話します。たくさん話している人から座ってもらいます。OKの人は近くで名前を言いますね。

たくさんお話をしてください。
その中で、質問を3回は入れましょうね。

「質問ゲーム」で相手を知る楽しさを味わおう

条件　①4月以降　②連続質問は5月以降

1. 質問ゲーム

 質問ゲームをします。Aさんは、猫が好きですか。

 はい。

 Aさん、先生に何か質問をして。

 先生は、犬は好きですか。

 はい、好きです。柴犬とか好きですね。
Aさんは、柴犬好きですか。

先生は犬が好きですか。

はい。柴犬が好きです。あなたは？

 普通です。

 はい、ありがとう。このように相手に質問をするゲームです。
1人が5回は質問したら座りましょう。
隣の人とやってみて。

 （みんなが質問し合う）

 みんな、上手ですね。やり方がわかってきたね。
では、メンバーを替えてやってみます。
前、後ろの人とやってみて。

 （みんなが質問し合う）

上手になってきましたね。友達と自分の考えが同じものはありましたか？ 今度は、同じものも見つけてみてくださいね。斜め前の友達と２人組。では、どうぞ。

（みんなが質問し合う）

2. 連続質問

次は、連続質問です。Ｂさん、犬は好きですか。

はい。

どうして好きなのですか。

かわいいからです。

Ｂさんは、犬を飼っているのですか？

いいえ。

なぜ、飼わないのですか。

おうちの人がだめだと言うからです。

はい、ありがとう。このように、そのことに関して質問を続けていくのを連続質問といいます。これができるとさらに相手のことがわかります。では、やってみましょう。

「共通見つけ会話」でさらに仲良くなろう

条件 ①5月以降 ②学級の仲の良さ「中」以上

1. 共通見つけ。隣の人や1対1でいろいろな人とする

隣の人と、好きなことや食べ物など、共通する同じものを見つけます。3つ見つけたら座りましょう。

（2人で話し合う）

おお、ここは早かったね。何が同じだった？

おすしが好きで、ラーメンが好きで、青色が好きで、猫を飼っていて、サッカーを習っていることです。

※「他の友達とやろう」や「7つ以上見つけて」などと指示する。

2. 共通見つけ。班で見つける

今度は、班で見つけましょう。3分間で、できるだけ多くね。この紙に書いてね。

（話し合う）

さあ、1班は何個？ 2班は？（と聞いていく）
たくさん見つけたね。初めに比べて、仲良くなったり、友達のことがよくわかったりしたかな。それなら嬉しいです。さらに友達と仲良くなっていこうね。
では、2回戦いくよ。

※苦手なものでも共通するならよいことにする。

「返事ゲーム」で名前を楽しんで覚えよう

条件　①席替え後にする

1. 返事ゲームを教える

 返事ゲームをします。ルール1です。本吉君、見本でやってね。
本吉君、「山本先生」と言って。

　山本先生。

 はい。本吉君！
名前を呼ばれたら、「返事＋呼んでくれた人の名前」を言います。本吉君！

　はい、山本先生。

 そうですね。はい、隣の人と
やってみてください。

　（子どもたち、行う）

はい、大原さん。
大原さん。

 ところで、これは2秒以内に言わないといけません。
そして、手をあげて返事をします。
早くして、手をあげて返事ですよ。もう一度どうぞ。

　吉田君。　　　**はい、大原さん。大原さん。**　

　はい、吉田君。

とても上手ですね。いいね。
これやってみるとわかるけど、ただ、単純に名前を言うだけなんですけど、なぜかおかしくなってくるんだよね。
今度は、フルネームで言ってみましょう。

（フルネームで行う）

2. 班で行わせる

いよいよ本番。班でします。班の中心を向いて、立って。
まずは、慣れますよ。隣の人を呼んでいきます。
では、どうぞ。

山本隼矢君。

はい、山本美織さん。本吉伸行君。

はい、山本隼矢君。松下隼司君……。

（ぐるぐると回していく）

うん、完全に慣れたね。じゃあ、今度は、班の中の人、誰を呼んでもいいからね。順番は関係なしです。

（子どもたち、行う）

はい、とっても上手にできました。次回は、「焼き肉が好きな本吉君」とかすると、それも面白いよ。やっていこうね。

※これは、席替え直後などにやると面白い。

「名前チェンジゲーム」で盛り上がろう

条件 ①６月以降　②学級の仲の良さ「中」以上　③席替え時などに

1. 名前チェンジゲームを見本の人を使って説明

 名前チェンジゲームをします。永野君、見本ね。
「こんにちは。ぼくの名前は、山本東矢といいます。」
あいさつして、名前を言って。

 こんにちは。ぼくの名前は、永野拓です。

 チェーンジ！ 言ってみて。

 チェーンジ。

 これで、名前が入れ替わりました。
あっ、松下くん。こんにちは、ぼくの名前は、永野拓です。

 こんにちは。ぼくの名前は、松下隼司です。

 チェーンジ。

 今、ぼくは、松下隼司です。
意味わかった？　名前をどんどんと交換するのですね。
では、立ち歩いて、やってみましょう。

2. 名前チェンジゲーム開始

（子どもたち、どんどん、動き回って、名前を替えていく）

では、座りましょう。
はい、では、左から順番に名前を言っていきましょう。

はい、私の名前は、山本美織です。

はい、ぼくの名前は、林健広です。

※男の子が女の子の名前だったりすると笑いが起こる。
（どんどん、確認をしていく。）

あれ、行方不明の人がいたぞ？　名前を呼ばれていない人？
あれれ、山本隼矢君がいないなあ。どこに行ったんだ？
それに、松下君は、さっき2人いたよねえ。

（笑いが起こる。いい笑い）

3. 2回目でさらに楽しくさせる

では、もう一度やるよ。ところで、確認だけど、あいさつを逃げるのは、なしですよ。それと、自分の名前の人を探して、もう一度戻るのは、なしでやってね。

（子どもたち、活動をしていく）

※最後、名前を確認して終わる。

「いいところ発表」で承認文化をつくろう

条件 ①4月半ば以降 ②道徳、学級会の時間

1. いいところ発表の導入

みんな、とってもいいところがあります。まずは、友達のいいところを言えますか？ 指名なしで発表して。

Aさんです。なぜなら、いつもあいさつが明るくて大きな声だからです。

B君です。掃除をとっても一生懸命にしています。黙々とやっていてすごいです。

2. 掃除の時間の後に

掃除をがんばっていた人は誰ですか。名前を入れて発表してください。

Cさんです。人と離れた場所で掃除をしているからです。

D君です。チャイムが鳴ったらすぐに掃除をしていました。

3. 終わりの会の時に

友達のよかったところやがんばったところを言いましょう（たまに、隣の人限定とすることもある）。

E君です。給食の時に、当番でないのに、手伝いをしていました。

16

「ほめ勝負」でほめる楽しさを味わおう

条件 ①4月以降 ②たまに行う程度

1. ほめ勝負の導入

 友達をほめたり、応援したりするのに慣れる、ちょっとしたゲームをします。誰か見本をやってくれる人。

 はい。

 はい。ありがとう。優しいね。
はじめにじゃんけんをします（じゃんけんをする）。
はい、先生の勝ちですね。勝ったほうが先にほめます。
A君、素敵な服を着ているね。「ありがとう」と言って。

 ありがとう。

 先生をほめて。何でもいいよ。5秒以内に。

 勉強をいつも教えてくれてありがとう。

 ありがとう。A君は、見本をしてくれるなんて優しいね。

 ありがとう。先生の洋服の柄、いいですね。

 「ありがとう」というようなゲームです。意味わかった人。

2. 隣の人や他の人とさせる

 では、隣とやってみて。勝負がついたら座ってね。

 （クラスみんながやる）

 BさんとCさん、めちゃくちゃうまい。ちょっとやって。

 あいさつがとても上手ですね。

 ありがとう。きみこそ、あいさつ素敵ですよ。

 ありがとう。
この前、消しゴム貸してくれてありがとう。

 いいえ、ありがとう。この前、ゲーム貸してくれたよね。
とってもサンキューね。面白かったよ。

 うまいね。全然勝負がつかないね。そういうのがいいね。あい
こでも嬉しいね。
では、違う人と組みます。組んだら座りなさい。
では、勝負です。

3. 朝学習や席替えの後にする

 みんな上手です。ほめるのや励ますのが自然にできるようにな
るとさらにクラスはよくなるし、友達も増えます。たまに楽し
みながらほめ勝負をしていきましょうね。
朝学習などの時にもたまにしていきましょうね。

18

「ハッピーレター」で友達とつながろう

条件 ①6月以降

1. ハッピーレターの始まりの説明

 学校はクラスのみんなと仲良くしたり、協力したりするところです。どんなことをしたら、仲良くなれますか？
近くの人に言って。
（たくさん言わせる）

 | 遊ぶ。 | 友達と話す。 | いいところを言う。 |

 いろいろと考えてくれてありがとう。この中に、「いいところを言う」などがありましたね。今日は、それをやってみようと思います。「言う」ではなく、「書く」でやりますね。
ハッピーレターといいます。
この紙に隣の人が嬉しくなることを書きます。
（書かせる）

2. チェックしてから渡させる

 書けたら先生のところに持っていらっしゃい。OKをもらったら、「はい、どうぞ」と言って、相手に渡しなさい。

 はい、どうぞ。

 ありがとう。

1枚目、渡した人、さらに、2枚目を書きましょう。

班の誰かに書いてね。

3枚目以降は、このクラスの人ならば、誰でもいいです。

どうぞ。

ありがとう。

（書いている様子を確認する。色を塗る子などがでたら）

ああ、色を塗る人もいていいですね。もらって嬉しくなりますね。絵を描くのもいいね。嬉しくなる。

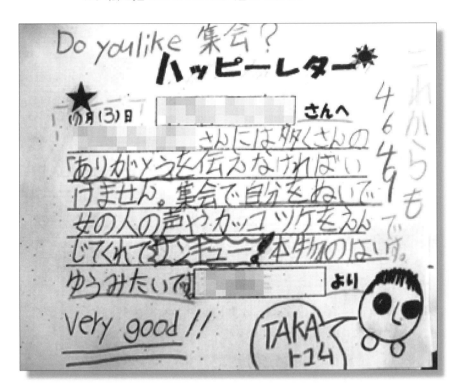

※次ページ　B5サイズで2枚の大きさ（A4サイズで4枚の大きさでもよい）。大量印刷する。

♡ **ハッピーレター** ☺ （　　　　　　　）さんへ

_____

_____

_____

_____

（　　　　　　　）より

♡ **ハッピーレター** ☺ （　　　　　　　）さんへ

_____

_____

_____

_____

（　　　　　　　）より

「休みの人にハッピーレター」で大丈夫を届けよう

条件 ①ハッピーレターを指導済み以降

1. 「休みの人にハッピーレター」の導入

学校を休んだことがある人？

そのときに、ちょっと不安な気持ちになった人？

ありますよね。そんなときにお友達から手紙がきたらどうですか？

嬉しいです。

そうですね。ですので、お休みの子にはハッピーレターを書こうと思います。基本的に、自分の班と隣の班の人は、書きましょう。

そして、あとは、書きたい人が書いてください。そうすれば、10人ぐらいからもらえます。1班の友達が休んだら、1班と2班の人が書きますね。

2. 給食の時までにハッピーレターを完成させる

給食の待ち時間などに書いてね。

書きました。

ありがとう。きっと休んだB君も嬉しいね。では、お休みした子へのカードとともに、届けてもらいますね。みんな、ありがとう。（お休みカードとともに、家の近い子に届けてもらうようにする。）

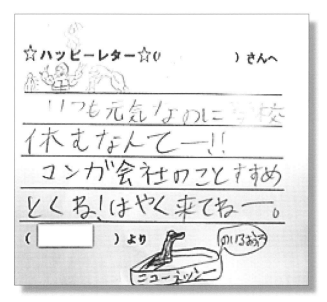

子どもたちが書いたハッピーレター。班の人には必ず書かせ、あとは書きたい人に書かせる。下は、お休みカードとたくさんのハッピーレター。これが届けられる。

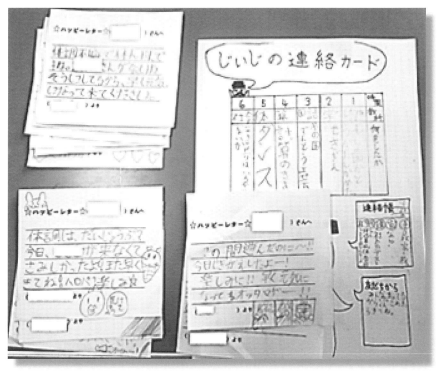

1-10

「あいさつ勝負」であいさつをあふれさせよう

条件 ①4月半ば以降 ②前年度荒れていない ③長くて20日間

1.「あいさつ勝負」を教える

「クラスをよくするため、何をしたらいい？」と言ったら、「あいさつをよくする」という意見がありました。ですので、あいさつ勝負でいいあいさつを習慣化したいと思います。

簡単です。先生より先にあいさつをしたらいいだけです。

> **勝てる。勝てるー！**

※実演をして見せるとより子どもは燃える。

2. あいさつ勝負を先生から友達へ、そして、笑顔つきにしていく

おはようございます！ おはようございます。

> **あ、**
> **おはようございます。**

> **おはようございます。**
> **あー、負けたあ。**

今日は、先生が先に30人あいさつできたよ。嬉しいなあ。

> **明日は負けないぞお。**

（しばらくして、先生があまり勝てなくなったら）

みんな、素敵なあいさつありがとうね。

次回からは、友達ともやっていこうか。隣の友達。

班の友達にもやっていこうね。

※笑顔つきあいさつでの勝負もさせると面白い。

「友達助け」を常態化させよう

条件 ①7月以降 ②学級の仲の良さ「中」以上 ③掃除の後の時間

1. 友達助けを意識させる

クラスの中で助けることがとても増えています。例えば、
①**ゴミ拾い（鉛筆の芯、ほこり、プリント）**
②**物そろえ（靴、ランドセルのひも、ほうき、プリント）**
③**落ちている物拾い** ④**勉強を教える** ⑤**準備を手伝う**
⑥**全体に声をかけて、間に合うようにする**
⑦**1人でいる人に声をかけて遊ぶ**
とかですね。すばらしいです。そういうことを最近してもらった人？ 指名なしで言いましょう。

> **永野君です。鉛筆が落ちていたら拾ってくれました。**

> **美織さんです。休み時間に遊びに誘ってくれました。**

ありがとうね。素敵ですね。そういう行動が増えるといいね。
また教えてね。

2. たまに、助けることについて意識させる

①テーマ作文でもたまに「助けてくれる人」などのテーマで書かせる。
②2、3日間は、助ける行動について発表させる。
③助けた子を見つけたら、全体の前でとりあげてほめる。
　こういうことをほどほどにやっていって、クラスをあたたかい雰囲気にもっていく。

「うなずき」習得で話をしやすくしよう

条件 ①5月以降 ②学級の仲の良さ「中」以上

1. うなずきありを体験させる

Aさんは、いつも先生の話をうなずいて聞いてくれるね。
ありがとう。真剣に聞いてくれて、嬉しくなるよ。
みんなもちょっとやってみようか。2人で会話をして、自然に、
5回はうなずいたら座ってね。

（話をする）

2. うなずきなしを体験させ、うなずきの大切さを実感させる

相手はうなずいてくれた？
では、つぎ、絶対にうなずいてはいけません。
では、話しましょう。

（話をする）

どうだった？

なんか、とても話しにくいです。

あれ？聞いてる？

そうですね。うなずきがないと話しにくい。そして、あると話
しやすいのです。相手の反応があると、話しやすいのですね。
うなずきを意識して、お話を聞いてくださいね。
では、最後にうなずきをたくさんしてお話をしましょうね。

「あいづち」習得でさらに話をしやすくしよう

条件　①6月以降　②うなずき指導の後（同時に教えることもあり）

1. あいづちを体験させる

「あいづち」って知っていますか。
人が話したときに、「うんうん、なるほど」などの言葉です。
「うん、なるほど」以外にどんな言葉がありますか。

　はい。　　へー。　　そうなんですか。

おうちの人を見てください。電話でも何でも人と会話をしているときに、あいづちを打っているでしょう。聞いたことがある人？

　はい。　　

2. あいづちがある理由を考えさせる

おうちの人って、絶対に「はい」とかあいづちを必ず入れていますよね。何で入れるのでしょうか。

　相手が嬉しくなるから。

　無視した感じにならないから。

そうだね、おうちの人は、自然と身につけているんですね。
できると、友達関係がさらによくなりやすいですよ。

3. あいづちありとなしを体感させて良さを実感させる

 ちょっとやってみましょうか。2人会話。あいづちを2人で5回ずつは打ったら、座ります。

 （あいづちを打って会話をする）

 では、無反応での会話もしてみます。うなずきやあいづちなしでお話をしてみてください。

 （あいづちなしで会話をする）

 どうですか。

 話しにくかったです。

 あいづちがあると、とても話がしやすいのですね。自分の話を真剣に聞いてくれる、受け止めてもらえると思えるからです。少しずつ、できるようにしていこうね。では、さらに練習をしていこう。違う2人組を組んで。会話どうぞ。

4. あいづちを入れた会話の練習をさせる

 （会話をする）

※班の人で別の人。前、後ろの2人組で話をさせるなど、いろいろと人を替えてあいづちを体感させていく。

「姿勢体験」で相手が嬉しい聞き方を意識しよう

条件 ①6月以降

いい姿勢をする趣意説明

めちゃくちゃ悪い姿勢をしてみます。その姿勢を長くしてみて（2分以上）。（途中で悪い姿勢を直す人がいたら）直したらいけないよ。もっと激しく悪い姿勢をしなさい。

しんどいです。

悪い姿勢もしんどいのですね。それは、重力が関係しますね。
また、他の人からも、「えっ」と思われます。
いい姿勢をしてみて。背もたれを使わずに。
どちらのほうが長く同じ姿勢ができますか？

いい姿勢のほうが長くできます。

いい姿勢ができるほうがいいですね。健康上もいいのですよ。
悪い姿勢は、首にかかる重力も大きくなってしんどいです。
みなさんは、今が一番身長が伸びる時期です。
姿勢が悪いと身長が伸びにくくなるかもしれません。
いい姿勢をしてみて。

はい。

習慣ですから、すぐにはできないけれど、先生に言われたときには意識して、1分は続けてくださいね。
少しでもいい姿勢を保てるようにできるといいね。

「ありがとう増やし」で感謝言葉をあふれさせよう

条件 ①6月以降 ②学級の仲の良さ「中」以上 ③教師がありがとうをよく言う

1. ありがとう増やし、導入

「ありがとう」を増やすとクラスは良くなります。
先生はよく「ありがとう」を言っているでしょう。
1日何回くらい言っている？

30回以上かな。

みんなもどんどん使ってみて。
まあ、まずは、ありがとうの良さを感じてください。
ゲームをしてみましょうか。

はい。

ありがとうゲームをします。理由をつけて、ありがとうという
言葉を5回使ったら座ります。例えば、「この前、鉛筆を貸し
てくれてありがとう」などです。
2人組を組んで、合計5回言えたら座ってみて。

この前、消しゴム貸し
てくれてありがとう。

いつも遊んでくれ
てありがとう。

ここのチーム、上手。見本を見せてもらっていい。

（見本を見せる）

ありがとう。すばらしいね。こんな感じでやるといいんだね。
では、いろいろな人とやってみましょう。立ち歩いて、5人の
人にありがとうを言えるといいね。スタート。

（子どもたちがする）

はい。戻りましょう。すぐに戻ってくれてありがとうね。
どう？　やってみた感想を指名なしでどうぞ。

なんか面白かった
です。

ありがとうを言われると
嬉しかったです。

ありがとうね。
みんなは、1日何回くらい言えそう？　指名なしで。

10回です。

20回です。

まあ、ぼちぼちやっていきましょう。先生もがんばります。
先生に勝てる人がいたら、すごいね。

2. 終わりの会

今日ありがとうを使った人、えらいね。
どうだった？　だいたい何回くらい言えた？

15回くらいです。

25回くらいです。

すばらしいね。ありがとうを増やしてクラスを良くしていこう
ね。無理なくでいいですよ。

※教師の「ありがとう」と言う数に、子どもの「ありがとう」は比
　例する。教師が一番言おうと心がける。

「シークレットサンタ」でいいことをあふれさせよう

条件	①11月以降　②学級の仲の良さ「中」以上　③最長1か月ほど

1. シークレットサンタの始め方

 今から「シークレットサンタ」というのをします。
くじで引いた友達に1日、わからないように親切にします。
よいことをします。助けてあげます。
では、1人ずつ名前マグネットを置きますね。伏せて。

 （子どもたち伏せている）

（教師はマグネットを配る）

 見ていいよ。でも、誰にも言ってはいけませんよ。自分と同じ
人いませんか。

 （同じ人は手をあげる）

※もう一度、伏せさせる。教師が同じ人のマグネットを取る。そし
　て、周りの子と取り換える。そして、再度、全体に確認をさせる。

 これでいいね。では、今日の終わりの会までに、ばれないよう
にいいことをがんばってね。

 （そっと、その子の消しゴムを拾う子。
そっと、その子の筆箱を片付ける子。
その子が話しているときに、いつも以上に
うなずく子などがでる）

2. シークレットサンタの答え合わせ

さあ、終わりの会ですね。では、答え合わせです。
シークレットサンタだと思う人のところへ行って、「あなたが
シークレットサンタですか？」と聞いてごらん。

（聞きに行く）

当たった人？　何をしてもらったことを当てたの？

給食の食器をさげてくれました。

ああ、すごいね。よくわかったねえ。
でも、当たらなかった人が多いですね。それが普通ですよ。
では、最後に「私があなたのシークレットサンタです！」って
告白しに行きなさい。

（それぞれが行って確かめ合う）
（お互い大笑い）

Aさんは、誰に何をしたの？

Bさんの机の下のごみを取りました。

それは、わからないなあ。見事。
（何人かに聞く）やってみて、どうだった？

先生、またやりたい！　毎日やろう!!

※子どもがやりたがれば、数日続けていく。

2-01

トラブル激減「人付き合いマナー1」

条件　①4月から　②道徳の時間に少しずつ行う

1. 人付き合いマナー1

人付き合いのマナーを守ると仲良く、トラブルが減ります。大事な15をまとめてみました。後について読みます（P36〜37参照）。

「こそこそ話をしない」

> **こそこそ話をしない。**

たとえ、いいことを言っても感じが悪いと受け止められることが多いです。特に、ちらちらと人を見ながら言うと感じが悪いですね。もちろん、誰も見ていないところで、2人で行う分にはかまいません。

次です。「机、椅子を離さない」

> **机、椅子を離さない。**

不自然に必要以上に机を離す人がいますよね。それは、近づきたくないと相手に思わせますし、感じが悪いです。

※コロナなどのときは別。

（同様に、太字を追い読みさせる。小さい字は教師が解説）

読んでみての感想を近くの人とどうぞ。（話し合う）

A君どうぞ。

> **意識していないことがたくさんありました。**

2. 人付き合いマナー1　2回目以降

 （道徳の授業はじめ）1〜15まで音読しましょう。
どれかできている友達はいますか。発表して。

 Aさんは、自慢をしなくてすごいです。

 Bさんは、友達が失敗しても優しくて素敵です。

 教えてくれてありがとう。少しずつ、がんばっていこうね。
※音読だけの日や自分ががんばっていることを言う日もある。

3. 人付き合いマナー1　4回目以降にたまに行う

 1〜15まで音読しましょう。
自分ができている番号のものに、黒丸をしましょう。
できていないのは△をつけましょう。
つけてみての感想を隣と話しなさい。

 （感想を話し合う）

 たくさん話し合ってすばらしいね。
では、指名なしで意見をどうぞ。

 ⑦の否定をよくしてしまいます。すぐに無理って言うし。
すぐに否定しないようにがんばります。

 ⑪の友達を待たせるをよくしてしまうので、急いで行動
します。

 マナーですので、絶対にできないといけないわけではありませ
んが、できるといいですね。少しずつがんばろうね。

友達が増える！人付き合いのマナー 1

① こそこそ話をしない。
わざわざ人前で。たとえいいことを言っても感じ悪いと受け止められることあり。

② 机、イスをはなさない。
さらっているのかとまちがわれる。また、通路がせまくなり人が通りにくい。

③ 手紙のやりとりをしない。
仲間に入れないすがさみしい。感じが悪い空気が流れる。ハッピーレターは別。

④ 人に注意はあまりしない。する場合は優しく小さな声でする。
人は、よく注意する人をきらいになりやすい。特に大きな声で言うとケンカになりやすい。

⑤ マイナス言葉はとにかく使わない。プラス言葉をたくさん言おう。
空気が重くなる。マイナス言葉を使えば使うほど、友達が減っていく。聞いていてうんざりする。

⑥ 話や遊びをしている友達に急にわりこまない。
順番を守る。相手を大切にしていない。

⑦ 人の話をすぐに「ひてい」しない。
「無理」「できるわけない」という言葉をいきなり使わない。

⑧ 自まんはなるべくしない。
できない子は落ちこむ。「えらそうな人でいやだなあ」と思われる。

⑨ ことわるときは「ごめんね」か「また今度しようね」を入れる。

やわらかく人と接する。

⑩ うわさ話はしない。人の悪口や欠点は、他の人には言わない。

この人に向けて聞いたり、手をくじくじしたり、人の話を聞くと、面白くないのだと相手に思わせる。感じ悪い。話しても相手に思わせるのが心配になる。そして友達でいるのが一番高いのがこれ。

⑪ 友達を待たせない。待たせているとわかったらどく。

列に並ぶ。早く着がえる。すばやく静かに行動する。おそい人がいるとみんなの待ち時間が多くなる。いやがられる。

⑫ 友達の失敗には優しくしよう。

だれでも失敗します。大目に見ましょう。優しい人に人は集まる。

⑬ 相手の顔を見てしっかりと話を聞こう。うなずいて話を聞こう。

体を横に向けて聞いたり、手をくじくじしたり人の話を聞くと、面白くないのだと相手に思わせる。感じ悪い。なおと相手に思わせる。話しても相手にちゃんと聞いてくれないからこの人と話をするのはやめておこうとなっていく。

⑭ 公事と私事は、公事を優先しよう！

みんなで何かをするときに自分のやることが重なったときは、みんなでやることを優先しよう。例えば、帰りのあいさつをするときに、帰る用意ができていなくてもできるだけ先においさつをしましょう。友達を待たせません。自分よりみんな。

⑮ 自分の話ばかりしない。あまり話をしていない人に話をふろう（話題ゆずり）。

グループで話すとき、話をしていない人に話をふって話すきっかけをあげてください。友達がうれしくなります。仲間を大切にしています。優しい人です。

さらに仲良く「人付き合いマナー2」

条件　①7月以降　②人付き合いマナー1がほぼできている

1. 人付き合いマナー2

人付き合いのマナー1がみんな、かなりできています。すばらしいです。さらに、仲良くなってほしいので、2を紹介しますね。もらったら、読んでいきましょう（P39〜40参照）。

（プリントをもらったら、子どもたちは読み始める）

あいさつを先にしよう。はい。

あいさつを先にしよう。

（書いてあることを読む）

（人付き合いマナー1と同じように追い読みさせてから、書いてあることを読む）

マナーですので、絶対にできないといけないというわけではありませんが、できるとやはりいいですね。無理なく、少しずつがんばってくださいね。

※QRコードからダウンロードできます。

①マナー1(P36〜37)　②マナー2(P39〜40)　③返し言葉具体編(P43〜44)

友達が増える！ 人付き合いのマナー2

⑯ あいさつを先にしよう。

あいさつは「今日もよろしく」という意味。相手から言われるほうがうれしい。先にしよう！ そして、できたら相手よりも大きな声であいさつをしよう。それだけ、相手はうれしいはず。

⑰ あいさつ無視を絶対にしない。

あいさつしないのは無視をしているのと同じ。中学以上の世界では相手にケンカを売っているのと同じ。中学ではあいさつしなければ上級生におこられることがある。先生は経験ずみ。

⑱ 一人でいる子に声をかけてみよう。

本当は話をしたいけど、何か話しづらくて一人でいる人はけっこういる。友達に「遊ぼうか」「何しているの」など声をかけてみよう。その人からかなり信頼され、感謝されることがあります。その信頼は広がります。「あの人は、一人でいる子に声をかけてあげられる優しい人なんだ」「気軽に話しやすい人だなあ」と。

⑲ 人によってあからさまに態度を変えないようにしよう。

例をあげる。ある仲の良い人には「うれしそうに物を貸してあげて」、普通の人には「物を貸してあげない」ようなことをしている人がいたとする。それを他の人が見ていてどう思うだろうか。「人によって態度を変える人なんだ。私にはよくしてくれるかな」と不安になるだろう。そのような不安をもつ相手と友達になりたくなると思うか。「あの人は、だれにでも態度を変えずに物を貸してくれる人と仲良くなりたいと思う。たいていの人は、だれにでも態度を変えずに物を貸してくれる人と仲良くなりたいと思う。

⑳ いつも正しいことばかりを相手に言わないようにしよう。

「あっ、それちがうで」と、よく相手のまちがいなどを言う人がいる。それが続くと、「この人の前ではいつも正しいことを言わなくてはいけないなあ。めんどうくさいなあ」となる。そして、何より話がとまる。このような人と友達になりたいと思う人は少ない。友達に気を楽にしてもらおうと思うらば時には、ちがっていてもことをしないときもある。

㉑いやなことがあっても少しはがまんをしよう！

がまんをできる人は、トラブルの数を減らせる人でもある。いやなことがあって、がまんを少しもせずに文句を言ってトラブルを起こしていってしまうと、「この人はトラブルが多い人だなあ。近づかないでおこう」となってしまうことがある。例えば一回えらい順番を抜かされても「まあ、一回ぐらい許してあげよう」と思うことは大事。

㉒「友達のいいところをさがす」と思い、友達と接してみよう！

自分の悪いところを見つけようとしている友達と、自分のいいところを見つけようとしてくれる友達のどちらと仲良くなりたいか」を考えたら言うまでもない。友達のいいところを見つけようと過ごしていると、いいところにとびこんでいって、さらにその人が好きになっていく。一度ためしてほしい。

㉓喜んであげられる人になろう！盛り上がれる人になろう！

自分が成功したときに友達も喜んでくれたらうれしいものである。盛り上がっている人の近くにいると楽しい雰囲気（ふんいき）を味わわせてくれる人には自然と集まる。友達も増える。また、喜んであげられない、盛り上がられない人はさそっても楽しんでないように見えるから「きっと楽しくないだろうからさそうのをやめよう」となる。損だ。

㉔友達を独（どく）占（せん）しない。

その友達もいろいろと遊びたいはず。「自分だけと遊ぼうな」という無理を言わない。逆にいやがられることあり。

優しい人になってください。信頼（しんらい）される人になってください。

言葉に気をつけよう「返し言葉具体編」

条件 ①9月以降 ②人付き合いマナー1を指導した後

1. 人付き合いマナー返し言葉具体編、導入

相手にどう返事をするかで、印象が良くも悪くもなります。例えば、ドッジボールに負けたとき、あなたは何と言いますか？

残念、次は負けないぞ。　　あーあ。

この中なら、どれに近い。（プリントを配る。P43〜44参照）
「おまえ、ずるすんなや」の人。「くっそー、最悪や最悪」の人。
「運が悪かったなあ」の人。「次、がんばろう」の人。
どれもありえるよね。ところで、どの言葉を言う人とまたドッジボールしたい？

「次、がんばろう」です。　　「運が悪かった」です。

それは、なぜ？

他の言葉は、文句や人を攻撃しているから、
もうしたくないです。

そうですね。マイナス言葉とかを言うと、次から嫌がられてしまうのですね。つい、言ってしまったことでも、相手は本気で言ったととらえます。気をつけたいね。
①の負けたときのところ、それぞれに、○か、△か、×か、××か、つけてみて。

どうなった？

「おまえ、ずるすんなや」は××、
「くっそー、最悪や、最悪」は×、
「運が悪かったなあ」は〇か△で迷います。
「次、がんばろう」は〇です。

 うん、いいね。よく考えたね。
では、他のものも同じように〇や×などをつけてごらん。
（時間をとる）
（答えを確認する）

2. 人付き合いマナー返し言葉具体編、練習

 よく考えたね。で、これがわかっただけでも、実際にはできる
ようになりません。練習をしなければ。
少し言葉を変えていいので、〇の言い方で返しましょう。
2人組を組んで、練習をしましょう。

（2人組で練習をする）

 上手にやっているね。
今日の授業の感想をどうぞ。

マナーを守って、友達に嫌な思いをさせないようにした
いと思いました。

前に、友達から嫌な返し方をされたので、自分はしない
ようにしようと思いました。

※次の道徳の時間や1、2か月に一度くらい、確認する。

人付き合いマナー　返し言葉具体編

名前 [　　　　]

返し言葉一つでトラブルが起こるか起こらないかが変わる。

言い方で好かれるか、きらわれるかの分かれ道となる。

どの言葉を使ってもその人の自由。しかし、トラブルが起こる返し方とトラブルが起こらない返し方がある。どの言葉を使ってもその人の自由。しかし、トラブルが起こる返し方とトラブルが起こらない返し方があるのは承知っておいたほうがいい。なんか、トラブルが多いなあと思っている人、返し方まちがえているることが多いです。

① 負けたとき
- → おまえ、ずるするんや。
- → くっそー、最悪や、最悪。
- → 運が悪かったなあ。
- → ありがとう。次、がんばろう。

③ 同点のとき
- → おれのほうが本当はすごかったな。
- → まあまあやな。
- → ありがとう。楽しかったわ。

⑤ まちがいをしてさされたとき
- → わかっててるし、おまえに言われたくないわ。

② 勝ったとき
- → やっぱり、おまえ弱いなあ。
- → おれは、強いわ。いえー。
- → よし！
- → ありがとう。

④ 先に並ばれたとき
- → おまえ、先に並ぶよ。
- → ちっ！
- → …… (何も言わない。1回くらいいいか)。

⑥ 約束を破られたとき
（しょうがない事情、1～2回目）

2　資料を使った道徳指導　43

→お前、わざとやろ。
→しょうがないね。
→気にしないで、また遊ぼう。
→だいじょうぶ。

⑧ いやなことを言われたとき

→おまえ、あほやろ。
→……(何も言わない)。
→先生に言うよ。
→そんなこと言わないで。

⑩ ゆずってもらったとき

→ありがとう。
→……。
→よし！
→ありがとう（今度、ゆずり返す）。

→次から気をつけよう。
→たまたまや。
→……そうやな。
→うるさい！

⑦ 遊びをことわるとき

→そんなんしたくないし。
→他の遊びをしたいなあ。
→無理！　→ちょっとごめん、できないねん。
→ありがとう、ちょっと他のことをしないと
　いけないので、ごめんね。

⑨ ほめられたとき

→あたりまえやろ。
→ありがとう。
→そんなん、当然やし。おまえはできへんの。

| いいと思う言葉 →○ | ダメだと思うこと →× |
| まあまあなの →△ | かなりダメなの →×× |

をつけましょう。

状況を見取る「クラスを良くするアンケート」

条件 ①6月以降 ②学級の仲の良さ「中」以上 ③助ける言葉指導後 ④月1回

1. アンケートを活用して、状況をさぐる

仲良くしようとしているか

	○	×

あいさつ・ふれあい	
① 教室に入るときに、元気よく大きな声であいさつをしている。	
② 班の人、全員の目を見て、あいさつをしている。	
③ 5人以上に、ハイタッチか握手を入れて、あいさつをしている。	
④ 男女で、手つなぎ鬼ごっこをなどをしてもほとんどはずかしくない。	
プラス言葉	
⑤ マイナス言葉より、プラス言葉を言うほうが多い。	
⑥ マイナス言葉をほとんど言っていない。	
⑦ 応援やはげましを5回以上言っている(体育がある日は10回以上)。	
先を読む・人を待たせない優しさ	
⑧ 体育の着替え、給食の準備、帰りの準備などをかなり早くしている。	
⑨ 先生や友達が全体に話しているとわかったら、すぐに静かにしている。	
人助け	
⑩ 隣の人や班の人の準備が遅れていたら、手伝っている。	
⑪ ごみが落ちていたら、拾っている。毎日に3回は拾っている。	
⑫ イスが出ていたら、入れてあげている。	
⑬ ロッカーの中のものがそろっていなかったら、直している。2回以上。	
盛り上げ・人への感謝・雰囲気を良くする	
⑭ 誕生日のときなどに、ものすごく大きな声で歌っている。	
⑮ 「ありがとう」という言葉を1日15回以上言っている。	

15以上○でありがとう。 20以上○で超ありがとう。
　　　30以上○で超超ありがとう。 40以上で救世主。(^ ^)

クラス全体の雰囲気チェック	
① 嫌なことを言ってくる友達がいるか(いる人は名前を書く)。	いる・いない
② 休み時間に1人でポツンとしている人がいるか。	いる・いない

仲良くしようとして
いるかアンケートつき
作文をたまにさせてい
る。

これを書かせる。上
の質問について〇×で
答える。

そしてそれについて
思うことを作文で書か
せる。通常、これをす
るまでにいろいろなテー
マ作文で書かせてい
るので、宿題でも子ど
もたちは十分に書ける。

初めてのときは、こ
れをしっかりと授業中

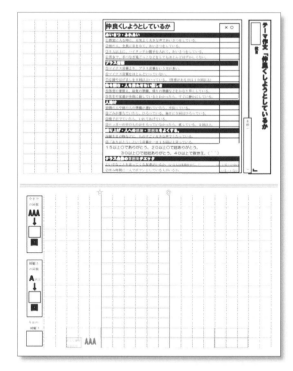

に少しやらせるようにする。そうすると、宿題での混乱が少ない。

2. 定期的にすることで、何が良いか、良くないかを確認する

定期的に書かせる。そしてたまに「この〇×について思うことを近くの
人に言います」とする。そして「指名なしで意見を言って」とする。

子どもたちは、できていないことを省みて、できていることをさらにが
んばろうという意見を言ってくることが多い。そのようにして、このアン
ケートの意見を発表するだけで、いいことをする人、意識する人が自然と
増えていく。自然と増えていくことがいいことなのである。

3. アンケート付き作文の作り方

作り方は、作文用紙に、上の質問用紙を貼りつけて印刷をする。

300枚ほど印刷をして、月に1回くらい使用すればいい。

ワークシートで学ぶ「よい注意、悪い注意」

条件 ①いつでも　②教師がマイナス言葉を基本言っていない

1. よい注意、悪い注意の存在を感じ取らせる

注意には、よい注意と悪い注意があります。
相手を思いやって言う、優しさからくる注意。
これはよい注意、悪い注意どちら？

よい注意。

自分が腹が立つから言う注意は、よい？　悪い？

悪い注意。

そうですね。ワークシートを使ってやってみましょう。
もらったら名前を書いてね。（配る）

2. ワークシートを使って考えさせる

1　廊下に並んでいるときです。並んでいない子がいました。
A　「並んだほうがいいよ」（静かな声）
B　「早く並べや。みんなが行けないやろ！！」（大きな声）
どちらがいいですか。〇をして。

（書かせる）

〇をした人？　では、隣に言って。そして、その理由も。

（子どもたち話す）

松下さん、どうぞ。

Aです。なぜなら、静かで穏やかに言うので、腹が立たないからです。

そうですね。注意のポイントは、相手を思いやって言うですね。穏やかに言うのは大事ですね。

—同じように「①書かせて ②相談させて ③発表させる」で進める—

※ただし、テンポが悪くなるようだったら、「残りは書きなさい」とやる場合もある。

3. 感想を言わせ、今後どうしていきたいかを考えさせる

やってみてどう思いましたか？　感想をどうぞ。

自分は悪い注意をしていたなと思いました。

7つのポイントがありますが、最も大事な2つは、
　①小さな声で、優しく言う
　②同じ人が何回も言わない
ですね。
注意というか優しく教える、助けるという感じですね。
少しずつがんばっていきましょうね。

友達を思った、よい注意を目指そう

名前（　　　　　　　　　　）

1　廊下に並んでいるときです。並んでいない子がいました。

　　A　並んだほうがいいよ。（静かな声）

　　B　早く並べや。みんながいけないやろ!!　（大きな声）

2　教室で帽子をかぶってる子がいます。全体に呼びかけます。

　　A　ぼうしをぬぎましょう。

　　B　Aさん、ぼうしをぬぎや！

3　授業が始まります。みんなに呼びかけます。

　　A　席に座りましょう。

　　B　CとDとEさん、席に座りや。

ポイント1

1　よくない注意は、（①　　　　　　　）声で注意する。

2　人の（②　　　　　　）を入れて注意をすることはよくない。

4　授業中にうるさい人がいます。

　　A　静かにしましょう!!

　　B　シー。

　　C　静かにしろや！　うるさい!!

5　えんぴつをカチカチしている人がいます。あなたはとなりです。

　　A　ちょっと、静かにしてもらっていい？

　　B　うるさいねんけど。

6 **図書の時間です。友達が大きな声で話しかけてきました。**

　　A　ふつうの声で、少しだけ話す。

　　B　ものすごく、小さな声でほんの少しだけ話す。さらに話し
　　　かけられたら「ごめんね」と言う。

　　C　ちょっと、静かにしてよ。

7 **ドッジボールでルールにない横投げをしてきました。**

　　A　おい、横投げなしやぞ！　おまえ、アウト！

　　B　えっ、横投げってありやったっけ？

　　C　横投げはなしやと思うんやけど、どうやった？

答え

①大きな　　②名前　　③優しく　　④問いかける　　⑤しない

※この答えは、載せないほうがいい場合が多い。教師が言ってあげる。

ワークシートで学ぶ「陰口は不幸をまねく」

条件 ①6月以降 ②学級の仲の良さ「中」以上

1. 陰口とは何か。陰口が何をもたらすのかを教える

 トラブル予防の話をします。
Aさんから次のような話題をもちかけられました。

> 「最近、Bさん調子のってない？ かわい子ぶってるよ。
> なんか言っていることが、ウザいときあるんだよね」

 こういうのを何といいますか。

 陰口です。

 陰口ですね。**陰で人の悪口を言うことです。**
言うと、人としての価値を下げます。友達を困らせます。
自分が言わないように気をつけても、まきこまれることがあり
ます。

> 「ねぇ、ちょっと聞いて。Bさん、私にあいさつしなかっ
> てんよ。ひどくない？」

 さて。どうしますか。

 そうなんや。大変やね。

> ①番　私もそう思う。　　　　　　　　同意する
> ②番　そうなん？　気のせいじゃない。　同意しない
> ③番　その他

どれに近いですか。隣の人に言ってごらん。その理由も。

（子どもたち話す）

Aさんに同意したら、Aさんとは仲良くなれます。

悪口の共有は、仲良くなった気がします。

ただ、実は偽物の友情なのですが。

①番は、Aさんと仲良くなれます。しかし、Bさんとの仲は悪くなります。陰口は、なぜかその人に伝わるという法則が働くからです。いい？

よくない。

では、②番の「そうなん？　気のせいじゃない」のAさんの言うことに同意しなかったらどうなるか。それは……。

「あなたは、わたしを否定して、Bの味方をするんだ……」

Aさんは、そう受け取ります。いい？

よくない。

いい。

これはどちらの意見もありますねえ。

しかし、いずれにせよ、万々歳ではないです。

あなたとAさんの仲はぎくしゃくします。

どちらを選んでも陰口がきっかけで人間関係が壊れます。

だから、陰口は言ってはいけないし、言う人は罪深いです。

2. 陰口にまきこまれたらどう返すかを真剣に考える

この問題に100点の答えはないです。ですが、**その他のよい答えはないか**を考えてみてください。
近くと相談してから発表をしましょう。

（子どもたち、相談し、発表をする。
時間があれば、どれがいいかを討論する）

基本方針を言うと、理解はするけど共感しないです。

①そうなの。私は見てないからわからないけど。
②私はその場面を見ていないけど、そう思ったんだね。

Aさんの言うこと理解はできる。でも、自分は共感してない。
これを上手に伝えられるといいですね。

あなたなら、どう答えますか。Aさん、Bさん、みんなと、できるかぎりよい関係になるであろう答えを考えてみてください。
人生は、こういうことの連続です。真剣に考えていきましょうね。感想を書いたら発表をしなさい。

陰口を減らそうと思いました。

自分のために、周りのためにも、少しずつ減らしてみてくださいね。先生も気をつけます。

※次ページに子どもに配付するプリントあり。

かげ口を知ろう

名前（　　　　　　　　　　　）

Aさんが言いました。

「最近、Bさん調子のってない？　かわい子ぶってるよ。なんか
言っていることがウザいときあるんだよね」

このような言葉を何といいますか？

かげ口

かげで人の悪口を言うことです。

人としての価値を下げます。友達を困らせます。

自分が言わないように気をつけても、まきこまれることがあります。

Aさんが言いました。

「ねぇ、ちょっと聞いて。Bさん、私にあいさつしなかってんよ。
ひどくない？」

あなたは実際に見ていません。何と答えますか？

（発表タイム）

どちらかというと、どれに近いですか。

①番　そうなんだ。ひどいね。　　　　　同意する
②番　そうなん？　気のせいじゃない。　同意しない
③番　その他

①番　「そうなんだ、ひどいね」とAさんに同意したら、Aさん
　　　と仲良くなれます。悪口の共有でも仲良くなれます（それ
　　　は、にせものの友情なのですが……）。
　　　ただ、①番を選ぶと、Bさんとの仲は悪くなります。
　　　かげ口は、なぜかその人に伝わるという法則が働くからです。

②番　「気のせいじゃない」とAさんに同意しなかったら……。
　　　「あなたは、私を否定して、Bさんの味方をするんだ……」
　　　と、受け取られます。**Aさんと仲が悪くなります。**

> **どちらを選んでも、かげ口がきっかけで人間関係が
> こわれます。だから、かげ口を言う人は罪深いのです。**

まきこまれたらどうすればいいか。基本は、Aさんの言うことは理
解できる。でも、自分は共感してない。これをおだやかに伝えられ
るといい。

> ①そうなの？　私は見てないからわからないけど。
> ②私はその場面を見ていないけど、そう思ったんだね。

100点満点の答えはありません。Aさん、Bさん、みんなと、でき
るかぎりよい関係になるであろう答えを考えてみてください。

> 感想

掲示物で学ぶ「どちらが信頼される人?」

条件　①10月以降　②学級の仲の良さ「中」以上

1. 「信頼される行動」（掲示物）を読ませる

（画用紙に書いた掲示物〈P59参照〉の左部分を見せる）

① プラス思考（前向き）

② こだわりすぎない。

③ よくゆずる。
　（自分のとくばかり求めない。）

④ 人をひていしない。

⑤ ぐちが少ない。
　（ほぼない。）

⑥ 人の失敗にやさしい。

⑦ 「〜してや」がほぼない。
　（注文が少ない。）

読んでみて。A君。

（途中で子どもを交代しながら読んでもらう）

どんな人？　意見をどうぞ。

感じがいい人。 優しい人。

2. 「信頼されない行動」（掲示物）を読ませる

 もう１つ見せます（掲示物の右側部分を見せる）。

> マイナス思考（後ろ向き）
>
> こだわりすぎる。
>
> ゆずれない。
> （自分のとくばかり求める。）
>
> 人をすぐにひていする。
>
> ぐちをよくいう。
>
>
> 人の失敗にきびしい。
>
> よく「〜してや」と注文が多い。

 読んでみて。B君。

 （途中で子どもを交代しながら読んでもらう）

 どんな人？　意見をどうぞ。

 感じが悪い人。 自分勝手な人。

3. 「(　　　　) な人」（掲示物）のタイトルを考える

 そうですね。それぞれの上の部分にタイトルがあります。何だと思いますか。近くの人に言ってみて。

 （子どもたち、相談する）

 指名なしで意見をどうぞ。
※班で考えさせて板書をしてもいい。

 いい人と悪い人。　　カッコいい人とカッコ悪い人。

 好かれる人と好かれない人。

 どれもよくわかります。先生はこう考えました。
（P59の全部を見せるかたちになる）
読みます。信頼される人。信頼されにくい人。

 信頼される人。信頼されにくい人。

 必ずしもそうなる必要はないですが、知っておいたほうがいいと思って紹介しました。先生もなかなかなれませんが、がんばろうと思います。

 授業の感想をどうぞ。

※この後は、右の掲示物を教室の横あたりに貼る。

（　　　　　）な人　　　　　　　　　（　　　　　）な人

① プラス思考（前向き）　　　　　　マイナス思考（後ろ向き）

② こだわりすぎない。　　　　　　　こだわりすぎる。

③ よくゆずる。　　　　　　　　　　ゆずれない。
　（自分のとくばかり求めない。）　　（自分のとくばかり求める。）

④ 人をひていしない。　　　　　　　人をすぐにひていする。

⑤ ぐちが少ない。　　　　　　　　　ぐちをよくいう。
　（ほぼない。）

⑥ 人の失敗にやさしい。　　　　　　人の失敗にきびしい。

⑦ 「〜してや」がほぼない。　　　　よく「〜してや」と注文が多い。
　（注文が少ない。）

3-01

プラス言葉を増やし、マイナス言葉を減らそう

条件　①いつでも　②教師がマイナス言葉を基本言っていない

1. プラス言葉、マイナス言葉の導入

プラス言葉。言われて嬉しい言葉です。
例えば、どんな言葉がありますか。

> ありがとう。大丈夫。いいね。

> （言った言葉を黒板の右に子どもに
> 縦書きで書かせる。20以上）

マイナス言葉。言われて嫌な言葉です。
何がありますか。指名なしでどうぞ。

> 無理。おまえはだめ。どっか行け。

> （発表をした子どもに、黒板に書かせる。20以上）

よく見つけましたね。では、プラス言葉を10回言ったら座り
ましょう。

> （子どもたちが言う）

言ってみて、どんな気持ちがしますか？　指名なしで。

> 嬉しい、なんか面白い。

プラス言葉　　　マイナス言葉

プラス言葉	マイナス言葉
ありがとう　ナイス	きたない　くさい
いいね　かっこいい	あほ　ばか　ぶさいく
かわいい　天才	きもい　しらんわ
やさしいね　グッド	さいあく　まずい
上手　よくできたね	死ね　ばかやろう　無視
美人だね　イケメンだね	みっともない　カス
かしこいね　すごいね	ちかづかんといて
一番だね　はやいね	めんどくさい　みじめ
よくできるね　とてもいい	うっとうしい　チビ
すごすぎるね　きれいだね	デブ　どっかいって
がんばりやさん　うれしい	うるさい　きえろ　いじめ

※実際は、縦書きで書かせています。

次は、マイナス言葉です。言いたくないでしょうけど、とりあえず言って。10回言ったら、座りましょう。

（子どもたちがたくさん言う）

どんな気持ちがしますか？

嫌な気持ちです。

今、先生は「とりあえず言って」と言ったので、気持ちをこめないで、適当に言ってくれましたね。
それでも、言うと嫌な気持ちがするのですね。
プラス言葉も同じです。気持ちをこめなくても、言っていると、聞いているといい気持ちがするものです。
プラス言葉を10回言ってみて、再度確かめて。

（子どもたちが言う）

2. 見るだけでも違うことを理解させる

言葉には力があるのですね。見るだけでも違います。プラス言葉、じっと見ていて。

（マイナス言葉が書いてある文字のところは、教師が立って、なるべく見えないようにする）

（子どもたちが見る）

今の気持ちを忘れないでね。では、マイナス言葉を見て。

（プラス言葉のところに立つ）

（子どもたちが見る）

（雰囲気が変わるのを感じ取れるはずだ）

はい、どんな気持ちですか。

嫌な気持ちです。

見るだけで、嫌な気持ちがするのですね。

これは、落書きを見て、自分に関係がないことが書いてあっても、嫌な気持ちがするのと同じですね。

なんでこんないたずら
するのかな。
いやだな・・・

3. どうしたら良いクラスになるかを考えさせ、発表させる

 どちらの言葉を多くしたほうが、いいクラスになる？

 プラス言葉。

 どちらの言葉を減らしたほうが、いいクラスになる？

 マイナス言葉。

 今日の授業の感想を指名なしでどうぞ。

 プラス言葉を増やして、
マイナス言葉を減らしていきたいです。

4. ほめ勝負につなげる

※この授業の後は、時間があれば、ほめ勝負につなげるとよい。

 それでは、プラス言葉を増やす練習をしてみますよ。
プラス言葉を増やすほうがいいとわかっていても、習慣になっていないとなかなか普段からすっと出ないものです。ゲームをしながらやってみましょう。
ほめ勝負です（ほめ勝負のページを見てください）。

校舎内での体をさわる遊びはトラブルの元

条件 ①5月以降　②このトラブルが見え始めているなら4月でもよい

1. トラブルになる元を確認

 これをほうっておくと必ずといっていいほど、喧嘩やトラブルになる、教室の中での遊びがあります。何でしょう。

 鬼ごっこ。ボール投げ。黒板への落書き。

 どれもそうですね。まあ、ボール投げなどは、話になりませんが、「ギリギリ許せるか？」の範囲の遊びの中での話です。

 黒板への落書き？

 それもいけませんね。正解は、体のさわり合いっこです。ちょっと追いかけて、つかまえるなどです。

 えー？

 教室内で体のさわり合いっこをしていると、必ずエスカレートしていきます。

その友達同士が仲良くて、そのメンバーではトラブルが起こらないときもあります。

ですが、それを見てマネする子が続くとどうなりますか。

 どんどん、広がっていく。

「あっ、やってもいいんだ」と他の人がやっていると、「さわるなよ」となったり、他の友達とぶつかったりして、喧嘩やトラブルになることが多いです。

さわられて、嫌な思いをしないならいいのですが、みなさんは、どうなんでしょうね。ちょっと伏せてみてください。嫌な思いをしたことがある人？

（何人か手をあげる）

ありますねー。はい、手をおろして、顔をあげて。
実際に嫌な思いをしている人がいるようです。
どうしたらいいですか。

しないほうがいいです。

2. 全体の前でしないことを約束させる

そうですね。教室や校舎内では、やめてくださいね。
わかった人？

（子どもたち手をあげる）

あと付け加えると、友達の物を勝手にさわるなども同じです。
人の鉛筆や消しゴムをさわらせてとか言って、さわってトラブルになることがあります。

なければいいですが、もしそれで嫌な思いをする人がいるのならば、教えてくださいね。

※時間があれば、感想を言わせる。

断り方を考えると関係はぐっとよくなる

条件 ①5月以降 ②学級の仲の良さ「中」以上

1. どんな断り方があるかな？ そして、どれがいい？

 放課後に遊ぼうと誘われました。ですが、先にいとこと遊ぶ約束が入っていました。どんな断り方がある？

 無理。

 ごめんね。無理だ。

 ありがとう。でも、ちょっと先に用事が入っていて、行けない。また、今度遊ぼうね。

 いろいろな意見が出ましたね。どれが嬉しい？

そう。優しい返し方がいいね。お礼を言ったり、事情を言ったりして断るのがいいね。世の中、断らないといけないときがあります。上手な断り方のほうが友達が増えますね。

2. 上手な断り方を練習しよう

 実際に練習しないと咄嗟に出ないときがあります。

練習するよ。片方が遊びに誘って、片方は断って。

そして、交代していこう。優しい断り名人になってね。

 休み時間、サッカーしよう。

 遊びたいけど、先にドッジボールをする約束だったから、今度行くね。ありがとう。

趣味は否定するな、その人の自由

条件 ①6月以降　②学級の仲の良さ「中」以上

1. ある趣味が、いいか悪いかを確認

 ある男の子は、青色が好きだそうです。悪いですか？

 いいえ。

 ある男の子は、ピンクが好きです。悪いですか？

 いいえ。

 なぜですか？

 それは、**自由**だからです。

 ある女の子は「少年ジャンプ」が好きです。悪いですか？

 いいえ。

2. 意見が分かれる発問で、趣味・好みの自由について真剣に考える

 ある男の子が少女漫画を読んでいます。悪いですか？

 いいえ。

ある女の子が、男物の洋服を着ています。悪いですか？

悪くない。

（意見が分かれたら討論）
なぜ、悪くないのですか？

誰にも迷惑をかけていないから。

それをすることで誰にも迷惑をかけません。
趣味は、人それぞれです。
その人が何を好きだろうが、自由なことです。
「俺、人形遊びをするよ」あなたは、何と言う？

そうなんだ。

「そんなのするの。おかしい」は相手を攻撃しています。
「え～！」は、相手を否定しています。
「そうなんだ」や「ああ、そう」がいいですね。
「私、アイドルの〇〇が好き」
（Bさんは、〇〇が好きではない。むしろ嫌いです）
あなたは、Bさんです。何と言いますか？

そう、いいね。ちなみに私は△が好き。

受け止めるのがいいですね。自分の趣味や好みを否定されると
人は嫌な気持ちになります。
「そう」と受け止められる人だと友達が安心します。そして友
達が増えやすいです。知っておいてね。

マイナス言葉の種類は3つある

条件 ①6月以降　②学級の仲の良さ「中」以上

1. マイナス言葉の種類を説明していく

人ですから、プラス言葉もマイナス言葉も言います。
ただ、知っておいてほしいのはプラス言葉が多い人のほうが得
をするか、損をするかということです。どちらですか？

得をします。

みんなはプラス言葉を言う人のほうが話したくなりませんか。

はい。

プラス言葉を多く言う人のほうが、信頼が増えやすいです。
友達が多くなりやすいです。マイナス言葉を多く言う人は、そ
の逆です。損をする傾向があります。
さて、マイナス言葉には3種類あります。（黒板に板書）

---

①悪口系　　……
②文句系　　……
③泣き言系　……

言ってみて。

悪口系。文句系。泣き言系。

悪口系は、「ばか、あほ、消えろ」などの攻撃的な言葉です。悪口系を言う人と近づきたいですか。（板書）

①悪口系　　……ばか、あほなど　　攻撃的
②文句系　　……
③泣き言系　……

近づきたくありません。

ですね。しかも、仲の良い友達の悪口を聞いたら、よけいに、嫌ですね。よけいに人が離れやすいです。

2つ目。文句系です。例えば、どんな言葉がある？

腹立つ、うっとうしい、えー。

①悪口系　　……ばか、あほなど　　攻撃的
②文句系　　……腹立つ、えー
③泣き言系　……

悪口系よりはましです。人を攻撃していませんから。
ですが、はっきり言って恰好が悪いというか、潔くないと思われます。
例えば、かけ足をしているときに、いつも「何でこんな寒い日に走らないといけないの。おかしい」などです。そういうことばかり言う人と近づきたいですか。

いいえ。

3つ目は、**泣き言系**です。

「あーあ、もうだめ」「できないよ」「どうせ、無理 !! 」などです。（板書）

①**悪口系**　　……ばか、あほなど　　攻撃的
②**文句系**　　……腹立つ、えー
③**泣き言系**　……どうせ〜、だめだ〜

いつも泣き言系を言う、後ろ向きな人と「大丈夫、がんばろう」と前向きな言葉を言う人、どちらかというと、どちらと話したいですか？

前向きな人です。

人に対して攻撃的ではないぶんましですが、聞いている人はいい気持ちはしないし、頼りなく思われます。

2. 感想をたくさん言わせ、マイナス言葉を減らす雰囲気をつくる

ここまでの感想をどうぞ（10人以上言わせる）。

マイナス言葉をなるべく減らそうと思いました。

人ですからたまに愚痴を言うことも大事です。

また、家族と友達とは違いますので、家で言うのはありえますので知っておいてください。

ただ、学校や多く人が集まる公共の場で、マイナス言葉を多く言いすぎるとあまりいいことがないと伝えておきたかったのです。聞いてくれてありがとう。

優しい人と優しくない人の渡し方

条件 ①6月以降 ②学級の仲の良さ「中」以上

1. よい渡し方、悪い渡し方を確認

 このプリントを後ろまで渡してください。どうぞ。

 （受け取った子どもから後ろに渡す）

 今、どのように渡しましたか？
投げた人？　片手で？　両手で？

 （それぞれに手をあげる）

 どのように渡すと優しいですか？
投げる人？　片手の人？　両手の人？

 （それぞれに手をあげる）

 圧倒的に両手が多いですね。それはどうしてですか？

 丁寧だし、受け取りやすいから。

 丁寧な渡し方をしましょうね。相手は嬉しいです。
では、もう一度渡しましょう。後ろから前にどうぞ。

 （子どもたち、また渡す）

とってもいいね。
今ね、「はいどうぞ」と言った人もいたよ。
そのほうが嬉しいね。それでもう一度、どうぞ。

（子どもたち、また渡す）

2. 渡し方によって、どうして優しいのかを教える

ところで、渡すときに、勢いがいいほうがいい？　普通のほうがいい？

普通がいいです。

どうして？　勢いがいいほうが早く渡せるよ。

手を切るかもしれないからです。

そうですね。だから、友達に手紙を渡すときに、その人が優しいかどうかがその行動でわかってしまうのですね。
どういう渡し方が優しいの？　3つ以上条件を言って。

**「はいどうぞ」と言うのと「両手で渡す」のと
「丁寧に渡す」です。**

そうですね。これができる人は、相手のことを考えて渡しています。これからはがんばってね。
最後に何回か練習をしましょう。

よいあだ名?　悪いあだ名?

条件　①6月以降　②学級の仲の良さ「中」以上

1. あだ名には種類があることにふれる

　あだ名がある人?　どんなあだ名ですか。言える人は言って。

> **よっちゃん、かっちゃん、はるさん、みーちゃん、しゅん**
> **くん、よっさん、くーちゃん、ぐっさん。**
> **（発表した子どもには、黒板の右側に縦書きで書かせる）**

　そのあだ名は嬉しいですか。嬉しくないですか。

| 嬉しい。 | 普通。 | |

　とってもいいことですね。あだ名は、つけられて嬉しいあだ名
があります。ですが、逆に嫌な思いをした人?

> （手をあげる子、数名）

　どんなあだ名は嫌ですか。言われたことがある人や聞いたこと
がある人で、自分がつけられたら嫌なあだ名を隣の人に言って
みて（ない人は、感想を言わせる）。

> （子どもたち、隣と話す）

　指名なしでどうぞ。

はるすけ、しゅんぼうや、みみりん、のっぽ、ピーすけ、
巨人、めがね、パーさん、ガリベン、真面目君。
（発表した子どもには、黒板の左側に書かせる）

悪いあだ名			よいあだ名		
めがね	のっぽ	ガリベン	ぐっさん	みーちゃん	よっちゃん
ちびちゃん	みみりん	はるすけ	ガッキー	しゅんくん	はるさん
巨人	しゅんぼう		よっしー		

2. あだ名のよい悪いの判断をさせる

よいあだ名と悪いあだ名は何が違うのでしょうか。
指名なしでどうぞ。

**よいあだ名は、名前からとっていて、悪いあだ名は、
体のことや性格のことが入っている。**

絶対ではないですが、そういうことが言えますね。
伏せてみて。あだ名で嫌な思いをしたことがある人？

（いたら　　→　どうやら数名いますね）

（いなければ→　何も言わない）

3. あだ名チェックをして、悪いあだ名を言わないように予防

自分は友達に嫌なあだ名は言っていないだろうと言える人。
ちょっと心配な人。

（手をあげる子、数名）

何気なく言ったあだ名。嬉しいときも嫌な思いをするときもあるのですね。それではこの紙に感想を書いて。

もし、嫌なあだ名を言われている人は、そのあだ名を書いてください。また、誰が言ってくるかを書きましょう。

（子どもたち、書く）

指名なしで感想をどうぞ。

悪いあだ名は言わない。

それでは、普段あだ名を言っている人？　その人のところに行って、大丈夫かを聞いてみてください。もし、自分が嫌なあだ名を言っていたら大変ですから聞いてみてください。

さらに、自分が嫌なあだ名を言っているなと思ったら、謝るのもありですね。では、どうぞ。

そのあだ名、すごく嫌なんだ

（子どもたち、聞きに行く）

大丈夫でしたか。

あだ名について考えることは、友達の「嬉しい」を考えることでもあります。知っておいてくださいね。

お年玉、バレンタイン問題から自慢を防ぐ

条件 ①6月以降　②その行事の時期

1. バレンタイン問題を伝える

バレンタインのチョコレートをもらったことがある人、もらったことがない人、さまざまいるでしょう。伏せてみて、あげたくない人はあげなくていいですよ。

今まで、家族以外でもらったことがある人？　手をあげて。

（何人か手をあげる）

はい。ありがとう。顔をあげて。

気をつけたほうがいいことがあります。

それは、もらったことを、わざわざ言わないほうがいいということです。なぜか、わかりますか？

もらっていない人が悲しい思いをするからです。

そうですね。もらいたくても、もらえない場合があります。もらっていない人は、悲しい気持ちになるからです。

また、自慢をしていると逆恨みされることがあります。

これは、お年玉問題やお小遣い問題と同じです。

お年玉やお小遣いを多くもらえるか、もらえないかは、運ですね。家庭の教育方針ですよね。

はい。

多くもらえた人は、わざわざ言わないほうがいいです。

少ない人が嫌な思いをします。今まで言ってしまったことがある人？

（何人か手をあげる）

正直でえらいね。

必ずしも嫌われるわけではないですからね。

ですが、これは自慢の一種なので気をつけてください。

そして、これはマナーなので守らなければ先生が怒るとか叱るとかそういうものではないです。

ですが、守らないとあなたが嫌な思いをすることがありますし、信頼が減るので気をつけてほしいと思います。

2. みんなの意見でも「やめたほうがいい」ということを確認する

感想をどうぞ。

けっこう気にせずに言っていたので気をつけます。

確かに、前にたくさんもらったって言われて、ちょっとムカッときたことがあるので、なるほどなあと思いました。

嬉しくなる気持ちはよくわかるんですけどね。

先生には言っていいのですが、友達同士のときは、ちょっと気をつけてみてくださいね。

待たせないように並ぼう

条件 ①4月から ②徐々に早くさせていく ③ほめて伸ばして指導

1. 並ばせる1回目

廊下に並びましょう。来たもの順2列です。
友達を待たせないように、なるべく早く並びましょう。

（急いで並ぶ）

（並んだら、タイマーを止める）

今、34人全員が並ぶのに、4分ほどかかりました。最初の人は30秒です。みなさんは、3分30秒待ちたいですか？

いいえ。

では、次回はさらに早く並ぼうね。
友達を待たせない人は、優しく気遣いができる人です。

2. 早く並ぶことを意識させてから並ばせる

音楽室に行きます。また、並びますが、今度はさらに早く並べるといいね。何に気をつけますか？

早く移動します。 話さず移動します。

すばらしいね。きっと前より早くなるね。スタート。

（急いで並ぶ）

今度は2分で並べましたね。すばらしいですね。

正直じゃんけんの良さ

条件 ①6月以降　②じゃんけん後に不満を言う子がいる場合

1. 正直じゃんけんの必要性と絶対の約束を確認する

正直じゃんけん。知っている人？　説明して。

（説明する）

正直じゃんけんのいいところは何？　指名なしで。

すぐにその試合を始められます。
（言った人に板書させる）

正直じゃんけんの悪いところは何？　指名なしで。

自分の言っていることを時間をかけて話し合えない。
（言った人に板書させる）

正直じゃんけんをしてから、それについて、不満を言うのはありですか？

なしです。

どうして？

ずるいからです。やると言ってじゃんけんをするのに、負けたから文句を言うのはずるいです。

2. 正直じゃんけんのルールを破ると、結局困るのはその人と伝える

そうですね。

正直じゃんけんをして、それを守らない人がいたとします。泣き叫んで「だだ」をこねました。

みんなが仕方なく譲ってあげました。その人は、ラッキーですか？　近くと相談。

（子どもたち相談する）

ラッキーだと思う人？　思わない人？

（両方とも出たら、場合によって討論をしてもいい）

ラッキーではありませんね。この人は、今後、どうしても遊びに誘われにくくなります。

正直じゃんけんは、たくさんの人が快適にゲームを進めるために、必要です。審判がいればいいのですが、全てに審判をつけられません。放課後は特にそうです。だからこれがあるのです。

上手に正直じゃんけんを使って遊ぶ時間を増やしてくださいね。

3. 正直じゃんけんのねらいと細かな説明

この授業のねらい

> 正直じゃんけんをうまく使うことを教える。そして、正直じゃんけんで負けて文句を言って、嫌な雰囲気にしないようにする。

正直じゃんけんについて

> ①話し合いをしてもなかなか決着がつかないで、時間がかかりそうなときに、とりあえず決着をつけるためにじゃんけんをして、勝ったほうの意見に合わせるというもの。
>
> ②ゲームなどをしているときで、時間がないときに使うことが多い。
>
> ③線を「踏んだ、踏んでない」などの判定のときにも行う。
>
> ④「タッチされた、タッチされていない」の微妙なときにも行う。
>
> ⑤正直じゃんけんをしないのもありえる。その場合は、話し合い。ただし、その当事者同士でやっておけばよい。他の人をそれで待たせるのは、大変時間がかかりよくない。
>
> ⑥正直じゃんけんをしたのなら、じゃんけんで負けたら、それには基本、従わないといけない。従わないと、嘘つきとされる。そして、次から少しずつ呼ばれなくなる。なぜなら、全員に遊びのルールを私は守らないと言っているのと同じだから。
>
> ※なお、強引に「正直じゃんけんな」と言われた場合は、応じなければいい。「話し合おう」とするといい。ただし、大変時間がかかり、周りの賛同を得られない場合が多いので、2人で他の場所で話し合おうとするしかない。
>
> ⑦関西地区では、「正直じゃんけん」という名前である。他の地域は、「じゃんけんで決めよう」というらしい。

3-11

決まったことを後から変えると信頼大幅減!

条件 ①6月以降　②学級の仲の良さ「中」以上

1. 約束を破るとカッコワルイ、取り持つ人はカッコイイを教える

鬼ごっこをします。鬼をじゃんけんで決めます。
負けました。鬼をすることに文句を言うA君がいます。
みんなはどう思いますか。

ずるい。

じゃんけんで負けたのに・・・

おにはいやだ〜!

文句を言っていいのですか?

だめです。

なぜですか?

じゃんけんをしたからです。

そうですね。ですが、ずっとだだをこねています。
結局、優しい誰かが代わりにしました。
代わりにした友達についてどう思いますか?

カッコイイ。優しい。

2. わがままは「人から避けられる、損をする」を理解させる

その泣いた子は、心の中でラッキーと思い、鬼ごっこに参加しました。嬉しそうにしています。
本当にラッキーですか?

ラッキーではない。

なぜ、ラッキーではないのですか？

みんなから嫌われる。 次から誘われないから。

3. よくあるルール違反の考えを事前に防止する話

違う場面です。
みんな、遊びで何をするかを話し合っています。
話し合いをしていて、なかなか決着がつきません。
どうしますか？

じゃんけんをします。 多数決にします。

時間ももうないので、多数決で決めようとなりました。みんなが手をあげて、その方法でいいとなりました。
そして、結果は……ドッジボールでした。
しかし、B君は、「ドッジボールは嫌い」と言って参加しませんでした。これは許される？

許されない。

「決まったことを後から変える、文句を言う」のはひどい約束違反なのです。嘘をついたのと同じことです。
一気に信頼が下がります。そして、次から友達から誘われなくなります。なぜなら、嘘をついたのですから。
じゃんけんに負けた瞬間に「やっぱりやめた」と言うのと同じですね。気をつけましょうね。

みんなの満足を考えよう！ 目的を考えよう1

条件　①みんな遊びか班遊びをして、しばらくしてから使う

1. 資料の確認

ある班のそれぞれの人のゲームについての好き度です。

	A君	B君	Cさん	Dさん
サッカー	100	80	10	30
鬼ごっこ	75	65	70	85

この班は何の遊びをすればいいのでしょうか？

 班遊びは何のためにするのでしょうか。

だいたい、こんな感じです。みんなで読みましょう。

①班みんながもっと仲良くなるため。
②休み時間のひとりぼっちをなくすため。
③みんながみんなの幸せを考えるため。
④友達と過ごすための調整力を学ぶため。

 さて、ABCDの4人がいます。

それぞれのサッカーの好き度です。A君から言って。

100点、80点、10点、30点です。

鬼ごっこならどうかな。B君言って。

75点、65点、70点、85点です。

2. 資料をもとに話し合う

この場合、何のゲームをすればいいのでしょうか。

鬼ごっこです。

鬼ごっこですね。でも、どうして？
※サッカーと言ったら、討論をさせると面白い。

すごく嫌な子がいないからです。

そうですね。サッカーは班遊びではなくて、違う機会に好きな者同士でやればいいのです。
班遊びでは、班のメンバーが好きなものを探って、それをやって楽しいを味わうのがいいのです。

これからみなさんは、いろんな人と出会います。
その時に、自分の気の合う人とだけ作業をしたり、遊んだりをするわけではありません。ですので、こういう考え方を学ぶことは大事だと先生は思います。
班遊びで、「協力する」、「みんなのなるべく楽しいを探す、優先する」を覚えるのも１つの勉強ですね。

※読ませる部分は、通信で配って作っておくのもよい。

3-13

勝ち負けからの脱却！ 目的を考えよう2

条件 ①みんな遊びか班遊びをして、しばらくしてから使う

1. 資料をもとに、どちらがよいかを考える

班遊びでドッジボールをしました。

ドッジボールをしてボールをさわった回数です。

A君	B君	Cさん	Dさん	**Aチーム**
8回	5回	1回	0回	試合に勝ち

E君	F君	Gさん	Hさん	**Bチーム**
4回	3回	4回	3回	試合に負け

どちらのチームのほうがよかったのでしょうか。

勝ったAチームでしょうか？

※板書するか、この紙を子どもに配る。

班遊びでの話です。図を見ます。

どちらのほうがよかったかな。

勝ったAチームかな。ちょっと考えてみてください。

Aチームだという人？　Bチームだという人？

Bチームです。

※Aチームがでて、意見が分かれたら討論をさせてもよい。

2. 資料をもとに話し合う

はい。Bチームが多いですね。
班遊びの目的は、みんなが仲良くなる。満足をする。
ひとりぼっちをなくすです。
試合に負けても、みんながある程度満足して楽しいなら目標達
成です。
勝ち負けの勝負では、どちらが勝ってる？

Aチームです。

そうですね。しかし、CさんとDさんが投げずに、もやもやが
出ています。いいですか。

よくないです。

そうですね。目的を達成していません。
Bチームは負けましたが、みんなで仲良くボールを回していま
す。試合には負けましたが、目的は？

達成できました。

そうです。Bチームは負けても目的を達成できました。
価値のある班遊びになりました。「勝ち」にこだわることもい
いですが、「価値」にこだわってほしいと思います。

休み時間のトラブルはほとんどがゲーム

1. 授業業中に起こるトラブルは教師が防げる

　授業中にトラブルが起こることは、通常ない。前年度に崩壊しているクラスを受け持たない限り。

仮にあるのならば、混雑を生み出す指示をしたときくらいだ。

　例えば、帰る用意をさせるときに、一気に取りに行かせる。

　例えば、〇つけをするときに、長い列を作らせる。その時に、子どもが「抜かした抜かさない」での喧嘩も起こる。あるいは、待ちぼうけて遊んでしまい、そこから喧嘩が起きるとかがある。

　これは論外である。教師の指示が悪い。

指示の仕方を変えればトラブルは起こらない。

　ポイントは、「混雑をしない指示を考える」である。

2. 休み時間のトラブル、「タッチごっこ」は教師が防げる

　しかし、休み時間となるとそうはいかない。

　通常、教室内で勝手に友達と「タッチごっこ」が始まる。そこからトラブルが発生する。これは初期の段階で防がないといけない。

実際に起こったら、どうするか。

　私は、その場は見守る程度にする（喧嘩になりそうでなければ）。

　次の授業の時間の終わりごろに言う。

「ところで、クラスの中でのトラブルや喧嘩は、どういうことから始まるかわかりますか」

「だいたい、ふざけていてから、本気になって喧嘩になります」

「始まりは何でしょうか」

「だいたいは友達を追いかけたり、体をさわったりなどの遊びから始まります」

「運動場や広い場所での鬼ごっこなどならいいですが、校舎内ですると逃げるときに、他の人にぶつかったり、椅子や机にぶつかったりします。だから、校舎の中での友達をさわる遊びや追いかけ合いっこはしないようにしましょうね」

「このことについて、感想を指名なしでどうぞ」

　子どもは色々と言う。そういう経験があったなど（だいたい初めに言う子に、否定的なことを言う子はいない）。

　ある程度で打ち切る。「気をつけられる人？」と言って、手を全員にあげさせて終わりである。

これで予防の１つが終わりである。

もしかして、それでもやる子がいるかもしれない。

しかし、その時は事前にこちらも言っているので、指導が入りやすい。

3. 休み時間のゲームトラブルは対策をしっかり立てよう

もう１つある。休み時間での子どもたち同士のゲーム中でのトラブルだ。鬼ごっこなどの体を動かす激しいゲームでよく起こる。

これが、最も多いのではないか。

さきほどのタッチのやり合いは、一度か二度指導を入れれば、だいたい防げる。しかし、ゲームについてはそうはいかない。

熱くなってしまって止められない子も多い。

これに関しては、学級がよい段階においてもたまに起こる。

このトラブルの最大の要因は、ルールがあいまいだからである。

これについては、真剣に考えていかないといけない。

次ページから取り上げていく。

トラブルが起こる6つの要素

以下の6つをクリアしていないとトラブルが起こる可能性がある。

①ルールがあいまい、複雑
②人数がおかしい
③集合が遅い
④チーム分け問題
⑤俺が活躍したい問題
⑥することがない暇問題

それぞれについて述べる。

1. ルールがあいまい、複雑

例えば、ドッジボール。横投げをOKにするかどうかで変わってくる。

横投げをすると、なかなか相手にボールが渡ってこないので、基本はなしのほうがいい。

しかし、OKにすると、⑥の相手が暇になる。面白くないのである。

ルールをしっかりと考えることが大事だ。

子どもたちの中から、そのような意見がなかなか出てこないこともある。待っていてもよくない。

そういうときは、教師の介入や呼びかけが大事である。

2. 人数がおかしい

鬼ごっこの「鬼の人数」、ハンターの「追いかける人数」などだ。

これが多すぎたり、少なすぎたりするとトラブルになる。

> 調べてみた。追いかけ役の子は2割くらいがいいということだ。

鬼ごっこやハンターの鬼は、1人の鬼が3〜4人の子どもを追いかけるくらいがちょうどいいのだ。正確な人数をあげる。

40人ならば、8人くらい（32人が逃げる）。

30人ならば、6人くらい（24人が逃げる）。

20人ならば、4人くらい（16人が逃げる）。

15人ならば、3人くらい（12人が逃げる）。

10人ならば、2人くらい（8人が逃げる）。

5人ならば、1人くらい（4人が逃げる）。

しかしである。この人数を子どもたちが受け入れるかどうかはまた別である。今まで、少なめでやってきた子どもたちには、受け入れられないこともある。

これを示し、「これが鬼ごっこの本などに書いてあるものだけど、これを目安に、多いか少ないかは多数決かじゃんけんで決めるといいよ」とするのがいいだろう。

3. 集合が遅い

集合は、早い子どもは早いが、遅い子どもは遅い。

集合が早い子どもは、ドッジボールならばラインとかを引いてくれているものだ。集合が遅い子どもはそういうことに気がつかない。鈍感だ。

ほうっておくとトラブルは必ず起こる。

対処しなければいけない。

> 子どもたちがイライラしているようならば、その遊びが終わった後、教室で全体に問う。「集合は早い方がいい？　早くなくてもいい？」と。

これを問うて、指名なし発表をさせる。

そうすると、だいたいが「早くしてほしい」という意見が出てくる。

こういうことを繰り返していく。

次回から、少し早くなる。

それをほめて、早く集合するという行動を強化してあげる。

4. チーム分け問題

リレーやドッジボールでチーム分け問題は出てくる。

走るのが速すぎる。投げるのがうますぎるから不公平だなどだ。

メンバーを適切に分けられないのだ。

これは、まともにやると通常時間がかかる。事前にするしかない。

> **あるいは、投げるのがうまい子ども同士でグッパ。足が速い子ども同士でグッパなどの方法を教えてあげる必要がある。**

これは知らないとできない。

1〜3年生くらいまでは、この方法をしっかりと教えたほうがいい。

5. 俺が活躍したい問題

「俺が俺が」の子どもがいると喧嘩が多発する。

> **基本、担任がついてあげるのが必要だ。**

もちろん、担任がいても喧嘩は起こることがある。

そのときは、なぜ起こるのかをよく観察する。

ルールがおかしいから怒ってしまい、そこから喧嘩になるのか。ちょっとしたことが譲れないから怒って喧嘩になるのかを見ておく。

「微妙なところは、譲る」

「微妙なときは、正直じゃんけん」

を教える。

それでも、あまりにも喧嘩をその子どもが起こすならば、「喧嘩をしたら両者1回休み」など、いろいろと試してみる。

そのようなことをして、ルールを守れるようになって、ある程度仲が良くなったら、徐々に手離しをしていく。

担任がついている間に、トラブルを起こさせないだけではだめだ。

「解決方法を指導し、それが使いこなせるようになったら、手を離し、いつでも大丈夫にする」のが、その子の幸せとなる。

いつまでもつかないようにする手立てを打つことが大切である。

6. することがない暇問題とその理由をさぐる

ドッジボールでボールが回ってこない女の子が出る。暇である。

自分からボールをとりにいかないとそういうことが起こる。

> これは、ボールを２つにする。
>
> あるいは、女の子ボールを導入すると解決する。

鬼ごっこでも暇問題は起こる。全然追いかけられないのである。

これは、いじめが以前に起こっていた学級ならば、いじめられている子どもを追いかけないなどの理由でも発生する。よく注意してみなければいけない。

いずれの理由にせよ、きちんと対応をしないといけない。

「まんべんなく、追いかけよう」と全体に言う。

それでも直さなかったら、

> 「追いかけられた人？」と確認をする。追いかけられない人が出たら、「次回は、鬼の人は追いかけるようにしてね」と言う。

「この人が次回、追いかけられなければ、また、休み時間にやり直しをするからね」とやる。

その指導の後に、再度確認をする。できたらほめる。

本当は、こんなことは指導をしたくない。

しかし、何回も続き、何回か釘を刺しても直らないならば、教師が介入する場面である。

なぜなら、こういうところからクラスは荒れていくからである。

ゲーム計画書（トラブル防止カード）

みんな遊びや班遊びなどのルールを明記する。掲示物を作る。極めて大事なことである。それだけで、トラブルは激減する。特に1学期は作っておいたほうがいい。

1. 班遊びなどで有効なトラブル防止カード

班遊びをするなら、次ページのようなカードを使うのもいい。

道徳の時間や学級会の時に時間をかけて作らせる。

班遊びでする遊びの種類を3つくらい決めておいて、それぞれのルールをこの防止カードに書かせる。そうするだけで、トラブルが減る。

2. 作り方

96〜97ページの資料をそれぞれA4に拡大して印刷する。

96ページは表、97ページは裏にするといい。

こういう資料は、初めに1年間分作る。そうすると手間ではない。

1年間で5回ほど席替えをする。そして6班あるので、30枚あればいいが、50枚ほど印刷をしておくといい。

3. 導入の仕方例

「クラスの友達が仲良く、混乱なく、楽しめるためにゲームの計画書を書いておきましょう。例年これは好評です。まあ、やってみましょう」と言ってやる。

```
1  (                    ) ゲーム
2  外遊び・中遊び
3  ルール
    ①
    ②
    ③
    ④
    ⑤
4  どこでするか ＆ 集合場所
    運動場の（              ）らへん・教室
5  目的は（                        ）
```

<気をつけること>

1 おもしろくないから、とちゅうでぬけるのは×。

2 とちゅうでルールを変こうするときは、全員を集めて座らせて静かに
   なってから、全体で確認する。最後に「これでいい？」と挙手確認する。

3 ある程度はゆずることも大事。みんながゲームをして楽しむのが目的。

4 勝ち負けにこだわりすぎるとケンカが起こるので注意。

5 時間がないときでルールのくいちがいがあるときは、「正直じゃんけ
   ん」をして進めるとみんなが助かる。

<終わった後>

1 集合は早かったか。　　　（　　　）◎○△×
   初めの人が着いてからそろうまでが1分以内なら◎。2分以内なら○。

2 楽しかったか。　　　　　（　　　）◎○△×

3 プラス言葉は多かったか。（　　　）◎○△×

＜知っておくといいこと＞

1　おにごっこやハンターのおには、

　　1人のおにが3～4人を担当するのがちょうどいい。もりあがる。

　　40人ならば、8人くらい（32人がにげる）。

　　35人ならば、7人くらい（28人がにげる）。

　　30人ならば、6人くらい（24人がにげる）。

　　25人ならば、5人くらい（20人がにげる）。

　　20人ならば、4人くらい（16人がにげる）。

　　15人ならば、3人くらい（12人がにげる）。

　　10人ならば、2人くらい（8人がにげる）。

　　5人ならば、1人くらい（4人がにげる）。

2　基本ドッジボールやおには「1き」とするのがいい。

　　「2き」あるとかすると、数えるのがややこしくなり、混乱する。

3　リレーなどチーム分けが難しいゲームは、前もってチームを決めてお
　　いたほうがいい。もしするのなら「とりあえずでチームをつくる」の
　　がいい。チーム決めでもめるのはもったいない。

4　ドッジボールは、ボールを2つにする。あるいは、コートを少しせま
　　くするなどしたほうが、ひまな人がでなくていい。

5　ひまな人がでないような工夫をしよう。
　　出番が多くあるとゲームがもりあがるし、楽しい。

6　3回以上トラブルを連続で起こしている人は、正当な理由があろうと
　　何か問題がある。先生とそのチームで話し合ったほうがいい。
　　※ゆずれないとか、ルールに厳しすぎるとか。

「ドッジボールトラブル」を防ぐ

トラブル防止カードに書くならばこうなる。

---

1 （ ドッジボール ） ゲーム

2 （外遊び）・中遊び

3 ルール

①ボールを投げて、当てる。当たったら、外野に出る。

②外野からボールを当てると復活できる。

③横投げは、なし。

④初めのボールはじゃんけんで決める。勝ったほうが選べる。

⑤顔面に当たってもセーフ。

⑥ダブルアウトは（　　　）。※ありなしはクラスで相談。

⑦外野は、初めは1～3人（参加人数による）。

⑧外野は、やりたい人でじゃんけんで決める。

⑨線を踏んでなければ、相手ボールとする。

⑩かすった、かすっていない。線を踏んだ、踏んでないなどの微妙な
　ときは、正直じゃんけんで決める。

⑪誰かにボールが当たって、そのボールが落ちる前に、仲間がキャッ
　チをしたらセーフ。相手チームが受けたらアウト。

4 どこでするか & 集合場所

　運動場の（　　　　　　）らへん・教室

5 目的は（みんなが仲良く。一度は全員が投げる）

これが基本的なことになる。マナーとして、考えさせておきたい。

考えておくことで、かなりトラブルは減らせる。

以下は、私の考えである。

①全員がボールを投げなくていいのか？
　　→よくないにもっていく。
②同じ人が連続投げをしていいのは何回までか？
　　→2回までとする。
③チームの決め方はどうするか？　同じくらいの人でグッパか？
　　→話し合わせて決める。
④取り合いじゃんけんでチームを決めると、みんなは嬉しいのか？
　　→嬉しくないにもっていく（悲しむ人がいることに気づかせる）。
⑤ラインを引くのは誰か？
　　→全員にもっていく。やろうとしてできなかった人は、お礼を言う。
⑥相手をおちょくっていいのか？
　　→だめにもっていく。
⑦言われたら嫌な言葉は何か？
　　→「あいつのボールは弱い」「おまえのボールは当たらんわ」などを確認をする。
⑧自分のチームが負けて、いらいらして友達に怒ることはありか？
　　→なしにもっていく。
⑨ルールを何度も破る人がいるとどうするか？
　　→先生に言う。あまりひどいと1回休みなどにもっていく。
※この⑨は、①～⑧のルールをつくってそれを破る子どもがでたら、それでもなおダメな場合だけ付け加えるようにする。

たかがドッジボール。されどドッジボールである。
　トラブルがよく起こる場合は、真剣に考える必要がある。
　なお、何もトラブルが起こらないならば、決めないのもありである。

「鬼ごっこトラブル」を防ぐ

トラブル防止カードに書くならばこうなる。

---

1 （　鬼ごっこ　）ゲーム　※かわり鬼

2　(外遊び)・中遊び

3　ルール

　①鬼が鬼でない人を追いかける。

　②逃げる範囲は、〇〇まで。

　③鬼の人数は、5人でするならば、鬼は1人か2人。

　　10人でするならば、鬼は2人か3人。

　④初めの鬼は、やりたい人がする。

　　重なった場合、誰もいない場合はじゃんけんで決める。

　⑤肩より上のタッチは、なし。

　⑥強くタッチをしすぎない。

　⑦いつも同じ人ばかりを追わない。

4　どこでするか & 集合場所

　運動場の（　　　　　　　　）らへん・教室

5　目的は（みんなが仲良く。一度は全員が追いかけられる）

これが基本である。

そして、マナーとして、これを考えさせたい。

---

①鬼にされた人に鬼を返していいのか？（タッチ返しはありか？）

　→いいが、1回だけとするなど決めさせる。

②タッチされて、何秒後にタッチできるか？

　→1秒とかにするとすぐにタッチ返しができ、トラブルが起こる。

10秒後などにする。

③挟み撃ちはありか？

　→別にしてもいいと思うが、これは、子どもに検討をさせる。

④靴ひもを結ぶときの「待ったタイム」は何回までか？

　→話し合ったほうがいい。これを理由にわざとタイムをする子がた
　　まにいる。

⑤途中でトイレに行きたくなったときは、誰かに言わなくていいのか？

　→必ず言わせるようにする。そして、相手に返事をしてもらってか
　　ら行くように言う。

⑥仲良しの子だから、タッチをやめるとか、追いかけないとかありか？

　→なしにもっていく。

⑦2回タッチで鬼とかありか？

　→なしにもっていく。

⑧自分は2機あるとかありか？

　→なしにもっていく。これをありにすると、「俺の機あげる」とか
　　言う子が出てさらにややこしくなる。

　別途、氷鬼、高鬼、色鬼、かげ鬼なども、子どもたちに考えさせるとい
い。

　ただ、これらの他の鬼ごっこ
は、初めから決めずに、問題が
起こってから対応したほうが成
長が期待できる場合がある。

　すでに、普通の鬼ごっこで基
本的なことを学んでいるなら、
そういうことを考えて対応する
のもよい。

「ハンター、けいどろトラブル」を防ぐ

トラブル防止カードに書くならばこうなる。

1 （ハンター、けいどろ）ゲーム

2 （外遊び）・中遊び

3 ルール

①ハンターと一般人を決める。

②ハンターが一般人を捕まえる。

③ハンターに捕まえられたら、牢屋に入る。

④牢屋にいる一般人は、牢屋に入っていない一般人からタッチされたら逃げられる。

⑤牢屋を守るハンターは2〜3人までとする。

⑥牢屋は、円の中か、鉄棒などのものをさわっている範囲である。

※学校や地域によって違う。

⑦そこから離れてはいけない。手を伸ばすのは大丈夫。

⑧ハンターの人数は、5人でするならば、1人か2人。

10人ならば、2人か3人。15人ならば、3人か4人である。

※ハンターの人数は少し多い方がスリルがある。

⑨肩より上のタッチは、なし。

⑩強くタッチをしすぎない。

⑪いつも同じ人ばかりを追わない。

4 どこでするか & 集合場所

運動場の（　　　　　　）らへん・教室

5 目的は（みんなが仲良く。一度は全員が追いかけられる）

これが基本である。

そして、マナーとして、これを考えさせたい。

①牢屋に入って、何秒後にタッチされて復活できるか？

　※牢屋に入る前に、タッチする子がいるのでそれを防ぐために検討する必要がある。

　　→５秒間くらいまでなしとしておくのが無難。

②ハンターが出口を防ぐのはありか？

　※トンネルみたいな遊具があり、そこの中に捕まえた一般人を入れるとそのようなトラブルがたまにある。

　　→なしとする。あるいは、そういう遊具を牢屋に使うときは、見張りのハンターは１人までとする。

③挟み撃ちはありか？

　　→別にしてもいいと思うが、これは、子どもに検討をさせる。

④「やーい、捕まえてみろ」などのおちょくりはありか？

　　→なしにもっていく。

⑤だましで「捕まった」というのはありか？

　※たまにこういう手を使って、牢屋近くに行く子どもがいる。

　　→当然なしになる。

　ハンターやけいどろは、何といっても、牢屋問題と人数問題である。これがトラブル有無のカギをにぎる。

　トラブルが起こりそうなときは、ここをしっかりと話し合って考えさせたい。

　なお、こういう問題は、いい討論の材料となる。

　子どもたちは真剣に話すので、学級会のときに時間をかけてあげると、クラス意識や友達意識も高まっていきやすい。

トラブルや不満が起こったときの対応はこうする

必ず不満は出る。トラブルは起こる。

クラスの仲が良いと頻度は少ないが、必ず起こる。

起こらないほうがめずらしい。

起こらないならば、誰かが我慢しすぎている可能性もある。

起こったときは、絶好の教育のチャンスである。

なお、対応はいくつかのパターンがある。

喧嘩が起こった場合の事例は、別の章で時間をかけて述べる。

ここでは、不満やトラブルがあり、訴えてきた場合の話をする。

1. 子どもが訴えてきたときの対応の原則

子どもが訴えてきたときの対応。

①まず、喧嘩が起こったかなどを聞く。

②話をよく聞く。

③全体の場で話したほうがいいか。その子を呼んで話したほうがいい
　か。1回だから我慢をするかを聞く。

④－1　全体の場で話したほうがいいならば、全体の場で事情を話す。

④－2　その子を呼んで話したほうがいいなら、呼んで話す。

⑤2、3日後に再度聞く。大丈夫か。

以上で終了。

事例を出す。※私が関西の教師なので、関西弁で記します。

ドッジボールのときに、「そんなの当たらへんよ」とか「当ててみろや」
と藤君に挑発をされて腹が立ったということがあった。

成田君が私に訴えてきた。

2. 事例「その子を呼んで話す」場合

成 「先生、嫌なことがあった」

T 「どうしたの？」

成 「ドッジボールをやっていてんけど、藤がおちょくってくるねん」

T 「そうなん？　どんなことを言われたの？」

成 「嫌なことを言われた」

T 「具体的に言って。バカとか言われたの？」

成 「違う。『俺にはボール当たらん』とか、『いえー、大丈夫』とか言ってきてん」

T 「それが嫌やったんや。悪口は言ってきてないねんな」

成 「うん」

T 「言い方もえらそうやったん？」

成 「まあまあ」

T 「そうなんや。で、これからどうしてほしいの？　藤君には」

成 「言ってほしくない」

> T 「そうかあ、よーくわかったわ。ところで、その話、先生が全体に名前を出さずに『こんなことがあったら、嫌な思いをした人がいるから、やめたほうがいいかもね』って、言ったら次はないと思うけど、それでいい？」
>
> T 「それとも藤君を呼んで、直接話をしたい？　どうする？」

成 **「藤を呼んでほしい」**

T 「そうか、じゃあ次の休み時間に呼ぼうね。まもなく授業だからね」

> ※この案件は、それほど重い事件ではない。
>
> できれば、時間をあけたほうが怒りを忘れるから授業後の休み時間にした。

特別支援の児童ならば、対応する場合もある。また、掃除の時間で訴えてきたら、話を聞くもありえる。

※もし、全体に言ってほしいならば、名前を出さずに、「こういうことがあった人がいるけど、次からやめたほうがいいと思うけど、どう思う？」とみんなの前で言って、なくしていくようにする。
通常のトラブルなら、それでなくなっていく。

Ｔ　「成田君、来て」

成　「……」

Ｔ　「さっきの話をしようか？　藤君呼んで」

成　「うん」

Ｔ　「藤君、来てくれる」

（藤君が来る）

Ｔ　「ちょっと成田君が話したいことがあるから、聞いてくれる。成田君、どうぞ」

（成田がさっきの話を再度言う）

Ｔ　「藤君、まず言っていること合っている？」

藤　「はい」

Ｔ　「まあ、藤君は、悪口というほどでないけど、成田君がちょっと嫌みたいなんだって。どうする？」

藤　「言わないようにする」

Ｔ　「ああ、そう、えらいねえ。じゃあ、成田君にそう言ってあげて」

藤　「次から言わないようにします」

※この事例は、悪口を言ったわけではないので、謝らせる必要はない。次から気をつけたらよいだけだ。
もし、仮にこの子が謝ったら、それはそれでほめる。

T 「成田君、どうですか？」

成 「はい、いいです」

T 「これ以外に、何か言うことはありますか？」

成 「いいえ」

藤 「ありません」

T 「そうですか。じゃあこの話は終わりです。来てくれてありがとう」
　このようにして、対応をする。

3. 事例「全体の場で事情を話す」場合

成 「先生、嫌なことがあった」

T 「どうしたの？」

　　　　⋮

T 「そうなんや。で、これからどうしてほしいの？　藤君には」

成 「言わないでほしい」

T 「そうかあ、よくわかったわ。ところで、その話、先生が全体に名前
　を出さずに、こんなことがあったら、嫌な思いをした人がいるから、
　やめたほうがいいかもねって、言ったら次はないと思うけど、それで
　いい？」

T 「それとも藤君を呼んで、直接話をしたい？　どうする？」

成 **「全体の場で言うのでいい」**

T 「そうか、えらいなあ。優しいなあ。
　まあ、1回だけで悪気がないかもしれないので、それで多分なくなる
　と思うよ。また、あったら教えてね」

（お昼ご飯を食べている時に全体に話す。案件が軽いのと、次が昼休みな
ので）

　T 「ちょっと話をしますね。
　　あるお友達から、ドッジボールをしたときに、『俺にはボール当

たらん』『いえー、大丈夫』とか、ボールをよけたときに言われて、嫌な思いをしたという人がいました。

先生は悪口ではないから、「まあ、言うこともあるよなあ」とは思いますが、嫌な思いをしている人がいるというので、ちょっと気になりました」

T 「みなさんは、そういうことを言われて、嫌な思いをしたことがありますか？ 鬼ごっこのときなどでもかまいませんよ。

『やーい』とか『俺は捕まえられんよ』みたいな感じです。

嫌な思いをしたことがある人？」

（何人か手をあげる）

「少しいるみたいですね。ですので、そういうことはなるべく言わないほうがいいように思いますが、どうですか？ 近くと相談」

（近くの人と話す）

T 「意見をどうぞ」

子 「やめといたほうがいいと思います」

子 「ぼくも同じ経験をして、嫌な思いをしたことがあります」

子 「言わないほうがいいと思います」

（7、8人くらいが言ったら……）

※なお、少しくらいならばいいという意見が出たら、討論をさせるとよい。

T 「そうですね。ではそれでいいですか？ いい人手をあげてください」

（全員が手をあげるのを確認する）

T 「わかりました。では、それでいきましょう。みんなで楽しく過ごそうね」

（次の昼休みが終わったときに成田君に、嫌なことを言われなかったかを聞く。なかったら、OK。もし、あったらその子を呼んで話をする）

みんなで遊ぶときに守るべきマナーを教える

「円陣。座らせる。静かに。提案。挙手確認」の5つが大事である。
これを守らないと、まずトラブルが起こる。不満が出る。

1. 子ども同士でよくある悲しい出来事

遊んでいるとき、ルールがおかしい場合に、ある子が提案することがある。
「ちょっと、ルールを変えへん？」
しかし、みんなはそのまま遊ぶ。よくある光景だ。

> 無視をしているのか？
> 違う。聞いていないだけである。

しかし、その子は無視をされたと思い、悲しい思いをする。
場合によっては、怒って喧嘩になる。
「これは、誰が悪いのか」特に悪いとかはない。
みんなは、普通に聞いていないだけなのであるから。

2. スキルがなかったことを伝える

みんなの前で「ルールを変えるスキルを持っていないからこうなっただ
けだよ」ときちんと教える必要がある。そこで、

「円陣。座らせる。静かに。提案。挙手確認」の5つを教える。

1つ目、「円陣」だ。
聞ける状態にするための円陣である（肩は組まない）。
いるメンバー全員が同じ距離で聞かせるための円陣でもある。
2つ目は、「座らせる」だ。

座ると静かになるし、集中して聞きやすい雰囲気になる。

3つ目は、「静かにさせる」だ。

誰かが話していると、提案者の声が聞こえない。座ったら静かにしなさいと言う。

4つ目、「提案」だ。

ここまできて、やっと提案者の提案となる。

話す人は、立って言うようにする。

誰が言っているかが一目瞭然となり、注目しやすくなる。

なお、提案が受け入れられるかどうかは議論をするしかない。

しかし、議論の時間がもったいなかったら、代表者の「正直じゃんけん」となってもいい。正直じゃんけんでとりあえずの決着をつけた場合はそのゲームが終わった後に、教室でじっくりと話し合いをさせる。

5つ目だ。「挙手確認」。

最終的には、議論の末、反対がなくなれば「これでいいですか。いい人は手をあげてください」とする。これをしないと「俺は聞いていない、私は聞いていない」となることがある。

この5つの大切さを説き、「この、5つの手続きをしていかないと聞いていない人は聞いていないので、話がまとまらないのだよ」と言う。

3. 実際に体験させる

そして、実際に、この方法を教室で模擬体験させるのがいい。

させないと子どもはできるようにならない。

> みんなを歩かせる。
>
> そして、誰かが「集合」と言って、円陣を組ませ、座らせる。
>
> そして、静かになったら、話をさせるところまでさせるのだ。

こういうことをやってから、外で、子どもたちが使えればOKとなる。

こういうことをいちいち、やっていくことが大切である。

未然に対応しすぎないほうが成長する

技を身につければ、トラブルを未然に防ぐことができることは多い。

しかし、遊びのトラブルならば、未然に防がなくてもいいこともある。自分たちで解決する方法をあみだせなくなるからだ。

1. 自分たちで解決する機会を与え、解決できたらほめる

トラブルがあった場合、どうしたら同じことが起こらないかを真剣に話し合わせる機会をつくろう（よく殴る子どもがいる場合は、初期は、基本的にトラブルを起こさないように教師が多く介入して対応する）。

そのようにして、自分たちで解決する機会を与える。

解決できたら、その時は大いにほめる。

解決できたら、トラブル解決能力がぐんとあがる。

2. 助けを求められたら、全体の場で話し合わせる

自分たちで解決できなくて、担任に「こんなことがあって、困っています」ときたら、それは絶好の教育のチャンスである。

全体の場で「こういうことがあったけど、みんなは、どうして解決をしていったらいいと思う？」と投げかけ、討議させる。

先生の前だから、安心して討議するだろう。

これもトラブル解決能力がぐんとあがる。

子どもたちは、放課後に教師のいないところで遊ぶ。いろいろとトラブルがあるだろう。そこでも、同じように話し合いで直せるようにするのが教師の大切な仕事である。教師の前だけよくていいわけがない。

対応軽い編 〜ボールを蹴られて腹が立つ〜

1. 対応の原則　指導時系列表

ドッジボールでのトラブル。

「友達にボールを蹴られて腹が立つ」場合の対応を述べる。

だいたいの場合、トラブル対応は以下の展開となる。

---

①訴えを聞く。1人から事情を確認。

②2人を呼ぶ。事情を確認。言っていることが合っているかを確認。

③「どういう行動をとっていればよかったか」を聞く。

④「自分の悪いところはあるか」を確認。

⑤「次からどうするか」を確認。

⑥「相手に言いたいことがあるか」を確認。

（謝ればほめる？）

（謝らなければ、「自分の悪かったところは、謝ったらいいんじゃ
ないかと思うけど、どう思う」と聞く）

⑦お互いに謝る。

⑧「これで終わっていい？」と聞いて、「うん」と言えば終了。

もちろん、このとおりにしない場合もある。

それほど大きな事案でない場合は、省略をすることもある。

今回は、③、④、⑥、⑦は省いた。

2. 実際の対応

（教室）

永　先生！

T　何ですか、永野君。

永　本吉から蹴られてん。

①訴えを聞く。1人から事情を確認。

T　えっ、そうなん。どうしたん。

永　ドッジボールをやっている時に、ボールをとろうとしたら、本吉がそのボールを蹴ってん。それで、「蹴るなよ」って言ったら、「蹴ってないし」って言ってん。すごい腹立つねん。

T　そうなんや。腹立ったんや。

T　で、喧嘩になったん？

永　なってはないけど、腹立つ。

T　そうかあ、よう我慢できたね。えらいねえ。

> T　その話、本吉君を呼んでする？　それとも、全体に「こんなことがあったから止めといたほうがいい」って言うのかどっちがいい？

永　本吉を呼ぶ！

T　わかった。

②2人を呼ぶ。事情を確認。言っていることが合っているかを確認。

（本吉君が戻ってくるのを待つ）

T　ちょっと本吉君、来て。

本　はい。

T　ちょっと、永野君から言われたことがあるけれど確認をしていい。

T　永野君、まず、何があったか話してね。

> T　本吉君は後で、合っていること、間違っていることがあったら教えてね。途中では、言わないでね。では、永野君どうぞ。

（先ほど、教師に話したことを言わせる）

T　どこか間違っているところはある？

本　そんなにない。

T　何か言いたいことある？

本　ボールは蹴ってない。鬼ごっこしていたら、ボールがきて、ぶつかっただけや。

Ｔ　たまたまぶつかったってこと？

本　そう。

Ｔ　じゃあ、ボールは見てなかったん？

本　うん。

Ｔ　じゃあ、わざとじゃないってことやね。

本　うん。

Ｔ　蹴ったってことは、わざとねらってするみたいな意味があるものな。当たった場合は、たまたまやもんな。
　　永野君。確認やけど、本吉君はドッジボールをしていたん？

永　してない。

Ｔ　ボールが蹴られたと思ったところは、誰か見ていた？

永　わからない。

Ｔ　顔はどこの方向、向いていたかわかる？

永　そこまで見てない。

Ｔ　そうか、じゃあ、蹴ったか、たまたま当たったかは、わからんってことやね。

永　まあ、そうかも。

Ｔ　なるほど。じゃあ、蹴ったっていう、わざとじゃないかも知れないってことやね。まあ、でも、当たったは当たったということやね。

永　うん、そう。

Ｔ　まあ、よくそういうことあるよな。

Ｔ　このことについて、もっと休み時間を使って調べていくこともできるけど、まあ、多分同じ事はそう起こらないし、もしわざとでなくても「ぶつかったらごめん」と言ったら、よいちゃうんかな。

Ｔ　そしたら、このトラブルも起こらなかったかもしれんしね。
　　次からそうするということで、どう。

114

本　はい。

永　うん。

※この件では、『③「どういう行動をとっていればよかったか」を聞く』と『④「自分の悪いところはあるか」を確認』は省いた。少しくどいと感じたから。

⑤ **「次からどうするか」を確認。**

> Ｔ　では、本吉君は、次に同じことがあったらどうする。

本　謝る。

Ｔ　そう、えらいね。「わざとじゃなくてもごめんなさい」っていうことあるよね。永野君は？

永　「わざと蹴るなよ」とか言わない。

Ｔ　えらいねえ。そうやね、わざとかどうかわからないものね。
　　2人ともえらいね。

※この件では、『⑥「相手に言いたいことがあるか」を確認』と『⑦お互いに謝る』は、省略した。興奮もそれほどしていないし、謝るまでさせるのは、大げさだと感じたから。

⑧ **「これで終わっていい？」と聞いて、「うん」と言えば終了。**

Ｔ　では、これで終わっていい？

本　うん。

永　はい。

Ｔ　じゃあ、終わりね。来てくれてありがとう。

ごめん。
でも、わざと
じゃないんだ

対応重い編 〜殴り合いの喧嘩対応〜

1. 対応の原則　指導時系列表

鬼ごっこでのトラブル。

強くタッチからの殴り合いの喧嘩が起こったときの対応の場面。

殴り合いのような場合での指導の時系列対応は基本、以下となる。

①周りの子どもたちが止める。

②子どもに呼ばれる。

③興奮をしているかどうかを見取る。興奮していたら止める。

④「どうしたの？」と話を聞く。

　（話を聞く。少し）

⑤場所を変えて、話を聞く。

⑥詳しく話を聞く。場合によってはメモする。

　（2人の意見を聞く）

　※興奮して話せないようだったら、冷却時間をおく。

⑦相手にどうしてほしかったかを聞く。※省略、前後することあり

⑧自分の悪いところはあるかを聞く。

　言えたら、ほめる。

⑨次回からどうするかを確認。※省略、前後することあり

⑩自分の悪いところを謝れるかを確認。どちらから謝るかを聞く。

⑪お互いに謝る。

⑫先に手を出したほうは再度謝るように促す。

⑬その場は終わり。

⑭その後、殴打の強さ、首より上を打った場合などは、お家の人に連
　絡する。

2. 実際の対応

①周りの子どもたちが止める。

②子どもに呼ばれる。

（教室）

子　先生‼

Ｔ　どうしたの

子　神西君と北君が喧嘩をしている。

Ｔ　そうなん？　どこでやっているの？

子　運動場。

Ｔ　じゃあ、行くわ。

（運動場に向かう）

（運動場）

（喧嘩をしている。周りの子どもが止めている）

③興奮をしているかどうかを見取る。興奮していたら止める。

Ｔ　大丈夫。

（興奮がより強いほうを止めて、話を聞く）

神　あいつが、いじわるしてくんねん。

北　いじわるちゃうわ、タッチしただけやろが。

神　うるさい、めちゃくちゃ強くタッチしたやんか。

Ｔ　話を聞かせてな。とりあえず教室に戻ろう。

（片方を連れて行く。もちろん、行けそうなら２人とも連れて行く）

Ｔ　北君も、後で来てな。

④「どうしたの？」と話を聞く。

（歩きながら）

Ｔ　神西君、何があったん。

神　あのな、めっちゃ強くタッチしてきてん。しかも、痛めている肩を。

Ｔ　強くか。そうなんや。それに、肩を痛めてたんや。

　　なんで痛めてるの？

神　サッカーで痛めてん。

Ｔ　いつぐらい前に？

神　前の土曜日。

Ｔ　そうか、それは大変やったなあ。

　　じゃあ、保健室に行く？　まず。

神　いや、それは大丈夫。

⑤**場所を変えて、話を聞く。**

（話しているうちに教室に着く）

Ｔ　まあ、まずは、お茶でも飲む？

神　いや、いいわ。

> Ｔ　じゃあ、話を聞かせて。椅子を持っておいで。

（教師の机の前に椅子を持ってくる）

Ｔ　で、強くタッチされてんな。

　　どれぐらいなん？　ちょっと素振りで教えて。

神　（素振りをする）

Ｔ　そうなんや、それは痛いなあ。しかも、痛めているからよけいにな。

　　ところで、北君は、あなたが痛めているの知っているの？

神　それは知らんと思う。

Ｔ　そうかあ。

　　じゃあ、初めから何があったか教えてくれる？　まず何をしていたの

　　かから。

神　まず、みんなで鬼ごっこをしていた。

Ｔ　はい。

神　それで、逃げていたら、北が追いかけてきて強くタッチしてきてん。

Ｔ　うん。

118

神　それで、俺が怒ってん。

Ｔ　うん。

神　そしたら、「そんなに強く叩いてないやろ」みたいなことを言ってきたから、俺が怒ってん。

Ｔ　うん、それでその後は？

神　で、これぐらい強く押したやろと、俺がやってん。

　　そうしたら、また、北が押してきてん。

　　で、こちらも強く押したってん。

　　そしたら、あいつが殴ってきてん。

Ｔ　うん。

神　その後は、みんなが来て止めてきた。

⑦**相手にどうしてほしかったかを聞く。**※省略、前後することあり

> Ｔ　なるほどな。よくわかりました。
>
> 　　で、神西君は、北君にどうしてほしい？

神　謝ってほしい。

Ｔ　うん。あとは？

　　もう強くタッチしないでほしい。

Ｔ　そうか。わかった。

　　ところで、周りに初めから見ていた人いる？

神　わからん。

Ｔ　わかった。まあ、北君の話を聞いてみようか。ちょっと待ってて。

⑥**詳しく話を聞く。場合によってはメモする。**

（しばらく待つ）

（北君が教室に戻ってくる）

> Ｔ　ああ、北君。ちょっと来て、さっきの話を聞かせてくれる？
>
> 　　いける？

北　うん。

※ここでとても興奮して話せそうになかったら、次の休み時間にする。

T　北君、椅子を持ってきて。
　　はい、ここに座って。

T　じゃあ、ちょっとお話を聞かせてね。
　　順番に聞きますね。どちらから言いたい？

神　じゃあ、俺が話すわ。

T　神西君からね。いい？

北　いいよ。

> T　じゃあ、神西君から話してもらうね。
> 　　話している最中は、間違えていても、口をはさむのはなしね。
> 　　途中で区切るとわけがわからなくなるから。
> 　　最後に、違うところを言ってね。じゃあ、神西君どうぞ。

（さきほどの話をする）

T　はい、よく黙って聞いていましたね。北君。
　　だいたいは合っている？

北　違うところがある。

T　そう、どこ？

北　俺は、そんなに強くタッチしてない。

T　そうか、あとは？

北　「おまえ、アホか、めちゃくちゃ強くタッチしたやろアホ」とか、アホとか言ってきてん。

T　うん、そうなんや。あとは？

北　それぐらい。

T　そうか、だいたいの話が見えてきたわ。
　　まあ、簡単に言うと鬼ごっこをしていて、強いタッチをしたかどうかで、喧嘩になったってことやね。

北　そう。

⑧**自分の悪いところはあるかを聞く。**

> T　ところで、喧嘩やから、どちらか一方が悪いってことはないね。
> 　　自分が悪いと思うところってあるの？

神　悪口を言ったこと。

T　そうか、自分でわかるってえらいねえ。北君は？

北　強く押し返したこと。

T　そうか、お互いわかっているんやねえ。
　　じゃあ、そこはお互いどうしたほうがいいと思う。

北　謝る。

神　謝る。

T　そう思っているんや。じゃあ、どうぞ。

北　ごめんね。

神　ごめんね。

T　何が「ごめんね」か言ってみて。

神　悪口を言って、ごめんね。

北　強く押してごめんね。

T　自分の悪いところを素直に謝れるのはえらいね。
　　ところで、この話は、北君が神西君をタッチして、神西君は痛かった
　　ことから始まったんやね。

北　うん。

神　うん。

T　北君がどれぐらい強くタッチしたかはわからないけど、神西君は、け
　　がをしていたからよけいに強く感じたのかもしれないね。
　　確認やけど、神西君は、肩をけがしていることを始まる前にみんなに
　　言った？

神　言ってない。

T　それなら、肩をタッチされてもしかたがないね。
　　言っていたら、されなかったかもしれないね。

神　うん。

T　それは、言っておいたほうがよかったね。ケガをしているところを強くタッチされたら冷静な判断ができないので、そのタッチについては、許したほうがいいね。

神　うん。

> T　で、大事なことは、先にどちらが攻撃というか押したかということやね。どちらが先に押したの？

神　俺。

T　で、そこから押し合いが始まってんね。
　　で、先に殴ってしまったのは誰？

北　俺。

T　何から喧嘩が始まっている？

神　押したところから。

T　そうだね。それはしないほうがよかったね。
　　でも、神西さんが全部悪いわけではないよね。なぜ？

北　殴った俺も悪い。

⑨**次回からどうするかを確認。**※省略、前後することあり（今回省略）

⑩**自分の悪いところを謝れるかを確認。どちらから謝るかを聞く。**

> T　そうだね。そういうことがわかっているのはえらいね。
> 　　そのことについては、謝ろうと思っているの？

神　うん。

北　うん。

⑪**お互いに謝る。**

> T　そうですか。どうぞ。

神　初めに押してごめんね。

北　殴ってごめんね。

122

T　うん、自分の悪いところを謝れるのはすばらしいね。

　　大事なこと。

⑫**先に手を出したほうは再度謝るように促す。**

> T　ただ、殴ったことは、ちょっとだけ多く悪いので、それはもう一
> 　　度謝っておこうか。

北　殴ってごめんね。

T　はい。2人とも、次から大丈夫そう。

神　うん。

北　はい。

⑬**その場は終わり。**

> T　じゃあ、この件は終わっていい？　後から言うことはないね。

神　はい。

北　はい。

T　じゃあ、おしまいにしましょう。

　　来てくれてありがとね

（2人とも帰る）

⑭**その後、殴打の強さ、首より上を打った場合などは、お家の人に連絡する。**

　　今回の場合は、それはなかったので終了とする。2、3回目の場合は、保護者に連絡する場合もある。

※この次の日と1週間後くらいに、それぞれに話しかける。

　　あれから喧嘩がないかを聞く。なかったらほめる。

何回も続くトラブル対応編

　毎日、トラブルを起こす子どもがいる。特別支援を要する子どもで、たまにいる。対応方法は大きく３つ。トラブル数を少なくする防止手立てをうつ。トラブルを起こす子を成長させる。周りを優しくするである。

1.　トラブル絶対数を減らすため「教師が一緒に遊ぶ」

　ルールを決めても、殴り合いの喧嘩がよく起こった。原因は、タッチの強さがどうみても強くなくても「強い」というようなことだ。

　感じ方が違うのである。どうするか。

　基本、トラブルがあるたびに事情を聞いて解決していく。

　時には、喧嘩両成敗の対応もする。しかし、それでも一向にトラブルの量は変わらない。次第に、友達が避けるようになっていく。

　その子にとっても周りの子にとってもよくない。私は

> 毎休み時間、一緒に入って遊ぶようにした。

　そうすることで、そもそものトラブルを起こしにくいようにした。

　タッチをされても怒る前に、「おっ、すごい、怒らなかったね。それでいちいち怒っているとゲームが進まなくなるもんな。ありがとう」と言っていった。タッチされた直後に言っていた。

　これで、少し機嫌が変わる。

　これを繰り返した。すると、だいぶトラブルが起こらなくなった。

　教師がいるので、他の子もより優しくタッチをするようになった。

2.　トラブルを起こす子を成長させる「とにかくほめる」

もちろん担任が遊ぶだけではダメだ。担任がいなければ解決しない。

> その子自身も鍛えていかないといけない。成長させないといけない。

次に考えたのはこれだ。

> 喧嘩が起こらなかっただけでほめる、認めるようにする。

である。

前よりも成長したことを認める、ほめるのだ。

毎日喧嘩をしていた子が、1日喧嘩がないということはすばらしいことである。「喧嘩がなかったね。すばらしいね」とほめる。

そのようなことを続けていく。

そうすることで、毎日10回以上喧嘩をしていた子どもが、3学期には、3日〜2週間に1回程度のトラブルになった。

場合によっては、1か月に1回ほどのトラブルで済むこともあった。

3. 周りを成長させ、火種をなくす

その子どもにめちゃくちゃ優しくタッチをすればトラブルが起こらないのは確かにある。だから以下のようにした。

> 「みんなの優しさのおかげで、最近トラブルが少なくなっているよ。ありがとう。例えば、ある友達はタッチが優しくなったよね。本当はそこまでしなくてもいいのかもしれないけど、考えてくれてありがとう」と言い続ける。

ビー玉貯金をしているのなら、そうほめて1個入れる。みんなが喜ぶ。

こういうことを続けていくと周りの子どもたちも配慮してくれるようになる。少しずつ、少しずつであるが、トラブルは減っていく。

3つの観点からの指導が大事である。

そして、前より少しずつ前進させるのである。一気にはよくならない。地道に続けていくことが大事である。

6-01

優しい対応1 〜風土を徐々につくる〜

　ガツガツと対応はしない。できている子どもをほめていく。それでも動いていく子どもは6、7割出てくる。自然と他の子どもたちもついてくる。それでいい。とにかく、ほめて、ほめて、認めるだ。

1. 優しく広める。できる子どもを増やす。初期は詰めない

　例えば、掃除を全然しないクラスがあったとする。粗い技として、教師が怒る。反省を言わすなどがあるのかもしれない。しかし、そういうことはしない。

　ふざけている子どもがいたとしても、徐々に減らす方向にもっていくのが大事だ。一気に減らせる技があったとする。それは、何かの強制作用が働いているのである。長期的にみるとよくない。

　確認をしていって、できている子どもをほめていくのがいい。

> できなかった子どもにも、「大丈夫だよ。次、がんばってね。少しずつでいいよ」と言う。

　徐々に徐々にできるようにする。

2. 初めは、指名なし発表で風土をつくる

> 掃除の時間が終わった後に、
> 「掃除がうまかった人の名前とその理由を指名なしで言います」

とする。

　これをすることで、がんばっている子が認められる。よりがんばる。がんばる子が増えると周りもそれに感化されていく。さらにほめられる。

優しい対応2 ～段階に応じた確認を入れる～

技を知ると、がんがんしたくなる。しかし、段階を経て使用する必要がある。そして、焦らないことが大事である。

技におぼれず、じっくりとぼちぼちと使っていただきたい。

1. 確認はやわらかく、そして条件によって変える

「全員起立、掃除を真面目にできた人？　できた人、座りましょう。できなかった人？　次回はがんばれますか？」と毎回やるときつい。

もし、これをするのならば、1週間のうちで1、2回程度である。

しかも、以下の条件が満たされたうえでだ。

1つ目は、掃除をきちんとする人がかなり増えてきているとき。

2つ目は、多くの子どもが掃除するのが当たり前になっているとき。

3つめは、教師が優しい声で確認できるとき。

4つ目は、教師の心の中に、「ぼちぼちといこう」という思いがあるとき。

とにかく、初めのうちは柔らかく指導をしていき、真面目に行う児童の割合を増やしていく。そして、6、7割くらいに増えたときに、「確認」という技をからめて、少しずつ詰めるという感じである。

ただし、最後の1人までは確認し続けてはいけない。4、5人できない子がいて当たり前だと思っておく。

2. 優しい指導順例　～掃除ができる子を増やす場合～

―5割以上の子が掃除を適当にやる状態―

①紹介、あるいはできている子を取り上げてほめる。

②できている子をほめていく。名前を出さずに、「こんな人がいて、

すごいなあ」と言う。

③とにかく、教師が掃除をしながらほめ続けていく。

—4割くらいの子が掃除を適当にやる状態—

④指名なし発表で「掃除ができている人」を紹介してもらう。

（掃除がうまい人を指名なし発表する）

—2割くらいの子が掃除を適当にやる状態—

⑤テーマ作文で1、2回「掃除がうまい人」の作文を書かせ、うまい子どもを確認し、取り上げる。

⑥指名なし発表で、今日の掃除は何点かを言うようにする。

（とりあえず、掃除をやっていたら60点。「早くしている、すみずみまでしている、静かにやっている、たくさんとっている」などがあれば、点数をあげるように言う）

※これで指導を終わってもよい。

—1割くらいの子が掃除を適当にやる状態—

⑦軽く詰める。

掃除ができた人、座りましょう。ちょっと足りないと思っている人？　また、がんばりましょうね。

※これは、たまにでいい。しかも、6月以降。さらに7〜8割できているときくらいである。

9割できていたら、しなくてもいい。逆に、立っている子が少なくなりすぎて、できていない子へのプレッシャーになりすぎるから。

　掃除を真面目に取り組む子どもの増やし方の思想、手立てについて紹介した。

（なお、当たり前のことであるが、掃除の用具を十分に用意する。あまり掃除をしない子どもを先生が見えるところの掃除場所にする。先生が一番掃除をがんばる。などのことをしたうえでの話である。）

7-01

新しい手立てをいつ使うのがよいのか

1. 手立てによって使う時期を考えよう

　子どもの仲の良さによって、使える手立てと使えない手立てがある。

　6月ごろになると教師との信頼関係もまあまあでき、子どもたちの仲もまあまあ良くなっている。

　その状態であるから、いろいろな手立てに子どもが嫌がらず、そしてノッて参加しやすいというのはあるのだ。

　例を出すと、出会ったその初日からハイタッチをして遊ぶのと、1、2か月たって仲が良くなってからするのとでは、だいぶ違うだろう。

　極端な例を出したが、時期を考えないということは、そういう一気にふれあいを求めるのと同じことなのだ。良くない。

> 　だから、教師との信頼関係ができ、子どもたちの仲がある程度良くなった6月ごろに手立てをうつのは、極めて大事なことである。

　よく「この実践を使いましたが、できない」という方がいるが、その原因は、この「時期を外している」に多くある。

　この本に載っている実践で6月を示すものは、4、5月でも成功する可能性はある。しかし、9月以降のものは、時期を外すとうまくいかない可能性が高いことを知っておいてもらいたい。

　また、特別支援を要する子には、その月になってもうまくいかない可能性もある。よく検討して使ってほしい。

2. 初めて指導をするときは「何の教科」がいいか

　内容によるが、「学級会や道徳の時間」がお勧めである。

道徳では、「さらにみんなが仲良くなる方法を考えていくよ」と言って、「あいづち」などの指導を私は入れている。

　算数や理科の時間にいきなり「あいづちをしよう」というのは、初めて入れる場面ではしっくりこない。

　絶対にやってはいけないほどのことではない。

　だが、子どもの納得感があったほうがいいので、新しいものを入れるときに、どの時間に入れるかは気にかけたほうがいい。

3.　何時間目ごろに行うのがよいか

　基本的には1、2時間目がいい。

　教えた指導は、次の日になるとどうしてもリセットに近い状態になる。

　1、2時間目に教えたことを子どもが3、4時間目にやっていたら、ほめることができる。ほめるとその行動が強化される。

　例えば、隣と2人組でのうなずき指導。

　何10回とやっていく必要があるが、初めの趣意説明が頭に残っているのはその日である。

　2時間目くらいに初めて導入したとする。すると、3、4時間目も意識してがんばる子が多い。ほめて、その行動を増やすチャンスである。

　例えば、人付き合いマナー指導。

　1、2時間目に教えて、4時間目くらいにできたかを確認すると「できている」という子が多い。

　そうすると、「えらいね」「すばらしいね」「相手が嬉しくなるね」とほめることができる。

　このように、できたことを確認する時間がほしいので、特に事情がないならば1、2時間目に新しいことをすることをお勧めする。

4. イレギュラーがあったときは使わない

子どもたち同士の大きな喧嘩があって、それを処理したとする。

クラスはズーンと沈んだ空気である。

次の時間に、道徳があったとする。

> そのときに、「人と仲良くしようね」とか「人の嫌なことをしない
> ようにしよう」という授業はイヤミになる。

そういう場合は、用意していた手立てを使わないほうがいい。

当たり前のように思うが、予定をしていたら「使いたいなあ」と思うの
が教師である。

しかし、ここはぐっと我慢である。子どもの幸せが最優先。

ここで使うと教師の優先になる。うまくいかない。

何が大事かを考えて、手立ては使おう。

5. 行事で忙しいときはわざわざ入れない

忙しいときは、ストレスがたまっている。教師も子どもも。

そんなときに、新しいことを入れるのはどうだろうか。

素直にその手立てが入りにくい。子どもはよけいに大変である。

> 運動会前や遠足のときに、「シークレットサンタをがんばろうね」
> と言っても、子どもは周りを見る暇があまりないだろう。

そして、うまくいかない。

そういうことが続くと、先生が教えた手立てはあんまりしなくていいん
だということを暗に教えてしまうことになる（ヒドゥンカリキュラムとい
われるもの）。

これはよくない。教えないほうがましなのである。

行事の合間や忙しいときに手立てを入れすぎない配慮は、極めて大事で
ある。

時間配分、使用頻度で効果は変わる

1. 指導にかける時間配分を考えよう

> 1pの原稿の手立ては、3〜7分ほどで指導をする。
> 2pの原稿の手立ては、5〜13分ほどで指導をする。

それ以上のものは、もっと長く使う場合もある。

学年によっても変わる。臨機応変に変える必要がある。

子どものイレギュラーな行動がでたら、増やすこともあるし、減らすこともありえる。

気をつけてほしいのは、教師はよかれと思って、長くじっくりと時間をかけすぎることがある。長すぎるのはけっこう迷惑な場合がある。

「1つくらいはいいだろう」と思う。しかし、そう思う方は基本、他の手立ても長く時間をかけすぎる傾向がある。

気をつけていただければと思う。

2. 使用頻度

2人組会話は毎日、毎回するだろう。

しかし、「シークレットサンタ」などは、11月の半ばから12月の終わりまでにするのがいい。ずっとしないということだ。

飽きも出てくる。

> 大事なことは、「毎回するとうっとうしくなることもある」だ。

「掃除のいいところ発表」も3日連続でするなどはあるかもしれないが、毎回毎回はしない。

132

たまにするのがいいのだ。

> なぜ毎回してはいけないのか。
> そのもう1つの理由は、できない子どもに悪いからだ。
> できない子どもが自己肯定感を下げるからだ。

できる子はいい。

しかし、必ずできない子もいるものだ。

その子がいつも自分を軽く責めるようなことがある。

子どもが「新鮮だなあ、面白いなあ」と思う程度で使おう。

どんなにおいしいカレーも何回も何回も食べると飽きるだろう。

「少し飽きそうかな」と思うときに、いろいろとするのがいい。

少しずつ、ぼちぼちとしていくことで、徐々にできることをねらおう。

3.「ちょうどいい」は言い切れない

使用頻度については、言い切れない。

「たまに」がポイントである。

あえて言うなら、

> 子どもが嫌がらない程度、やらされ感をあまり感じない程度としか言いようがない。

医療で考える。

薬を1種類飲んでいる人への薬指導と、薬を3種類飲んでいる人への薬指導が違うのは当然である。

子どもの状況、学年によって全く違ってくる。

申し訳ないが、学級を見ないかぎり、はっきりとは言えない。

試してみて、その感覚をつかんでほしい。

そういう経験も大切だ。

連続技で効果を2倍以上にしよう

いくら6月になったからといっても、子どもを育てていなければ、新しい手立ては効果が薄い。

また、連続技として使わないと効果がないものもある。

例えば「休みの人にハッピーレター」。以下の4つが大事だ。

①初めに「プラス言葉やマイナス言葉の授業」をして、プラス言葉の大切さを学ばせておく。

②そして、「ほめ勝負」などでプラス言葉を言うのを慣れさせる。プラス言葉を言うのも言われるのも楽しいと実感させる。

③さらにハッピーレターの実践をする。いいことを書く習慣をつけさせる。

④「プラス言葉を言うのはいいなあ。もらえるのは嬉しいなあ」と思っている状態になる。

これが前提条件である。

これができたうえでの、「休みの人にハッピーレター」なのである。

これができたうえでないと、通り一遍の、気遣いのない手紙になってしまう。

場合によっては、「えー、こんんするの？」となる。

優しく、相手が嬉しいハッピーレターにしたい。

学級経営手立ては連続技にすることで効果を2倍、3倍にもあげることができる。

良くない使い方とよくある失敗例から学ぼう

失敗を知ると成功に近づく。

1つでも、「あっそうなんだ」と感じたら、意識していないことがあれば、意味がある。油断されずに見てほしい。

---

①手立てを一気に、畳みかけるように使うと失敗する。

②子どもの状態を見て、「無理だなあと思うけど、やっぱり使いたい」と思って使って、失敗する。

③月曜日などに、新しいものを持ってきてしまい、失敗する。

④この本を読んで、「これはいい」と思って、使いすぎて失敗する。

⑤自分が得心をしていないのに、使って失敗する。

　（得心していないと子どものイレギュラーに良くない対応をする）

⑥子どもとの関係があまりできていないのに、難しい手立てを使う。

⑦100%子どもを変えようと思って使う。

　（イライラが顔に出て余裕感をもった対応ができなくなる）

⑧「10あるうちの2」は失敗するのは当たり前と思って使わない。

⑨「子どもと一緒に自分も失敗しながらがんばろう」と思ってない。

⑩これらの技がなぜ、生まれたのか。作成者がどんな失敗をして、これらを考えたのかを全く考えずに使う。

⑪子どものテストの平均点が85点以上いっていないのに、高度な内容の手立てを使う（90点以上が望ましい）。

そして、「失敗するかもしれないから使うのをやめる」が一番大きな失敗である。

失敗はないが、その分、成長もない。考えて、使おう。

多少の失敗をしながら、よりよいタイミング、子どもの状況を判断して使う塩梅を感じ取れるようになっていただければと思う。

◯著者紹介

山本東矢（やまもと　はるや）

1978年　兵庫県生まれ
2002年　3月　四天王寺大学卒業
2003年　4月　大阪市小学校勤務
　　　　現在　大阪府箕面市立豊川北小学校勤務
TOSS大阪みなみ代表
全国の教育セミナーで学級づくり授業づくりを中心とした講座を務める

〈著〉『次世代教師シリーズ　道徳を核にする学級経営―担任の趣意説明222文言集―子どもの
　　　自立活動が育つヒミツ―』（学芸みらい社）
　　　『最高のクラスになる！　学級経営365日のタイムスケジュール表』（学芸みらい社）
　　　『あなたのクラスで楽しさ爆発！　山本東矢の仲間づくり学級ゲーム50』（学芸みらい社）
　　　『まさか私の学級が？　教師100万人が知りたい！　学級崩壊―悪夢の前兆チェック＆必勝
　　　予防策68』（学芸みらい社）

学級がどんどんよくなる
プチ道徳GAME
―友達との"モメ事"明るく題材化ヒント―

2021年5月15日　初版発行
2022年9月30日　第2版発行

著　者　山本東矢
発行者　小島直人
発行所　株式会社　学芸みらい社
　　　　〒162-0833　東京都新宿区箪笥町31番　箪笥町SKビル3F
　　　　電話番号　03-5227-1266
　　　　https://www.gakugeimirai.jp/
　　　　e-mail：info@gakugeimirai.jp
印刷所・製本所　藤原印刷株式会社
企　画　樋口雅子
校　正　大場優子
本文イラスト　辻野裕美
ブックデザイン・本文組版　星島正明